Josh McDowell / Don Stewart
Dämonen, Hexen und das Okkulte

Josh McDowell / Don Stewart

Dämonen, Hexen und das Okkulte

FRANCKE
Verlag der Francke-Buchhandlung GmbH

Die Deutsche Bibliothek – CIP-Einheitsaufnahme

McDowell, Josh:
Dämonen, Hexen und das Okkulte / Josh McDowell; Don Stewart. [Dt. von Iris Gäßler]. – Marburg an der Lahn: Francke, 1992
(Ein Francke-Taschenbuch)
Einheitssacht.: Demons, witches and the occult <dt.>
ISBN 3-88224-957-9
NE: Stewart, Don:

Originaltitel: Demons, Witches and the Occult

Published by Tyndale House Publishers, Wheaton, USA

Deutsch von Thomas Lardon, Literary & Media Agency, Hamburg / Iris Gäßler
Umschlaggestaltung: Thomas Lardon, Literary & Media Agency, Hamburg
Satz: Druckerei Schröder, 3552 Wetter / Hessen
Druck: Clausen & Bosse, Leck

Ein Francke-Taschenbuch

Inhaltsverzeichnis

1. Okkulte Phänomene

Es ist das Ziel des vorliegenden Buches, die Taktiken Satans im okkulten Bereich anhand biblischer Aussagen aufzuzeigen. Dabei soll vor den Augen des Lesers ein möglichst genaues Bild skizziert werden, das sensationeller Einseitigkeit keinen Platz einräumt.

Was bedeutet Okkultismus?

Das Wort *Okkultismus* stammt von dem lateinischen *occultus* ab, das soviel wie ‚dunkel, verborgen, geheimnisvoll' bedeutet. David Hoover weist auf drei typische Eigenschaften des Okkultismus hin. Es handelt sich um:

1. mysteriöse oder verborgene Angelegenheiten;
2. Handlungen oder Ereignisse, die scheinbar von menschlichen Kräften verursacht und mit den Sinnesorganen nicht wahrgenommen werden;
3. Mächte aus der unsichtbaren Welt (Engel oder Dämonen).[1]

Unter dem Begriff ‚okkult' lassen sich unserer Meinung nach die folgenden Punkte zusammenfassen, wobei die Liste zweifellos nicht vollständig ist: Zauberei, Magie, Handlinienlesen, Wahrsagerei, Ouijaboards (Buchstabierbretter), Tarot-Karten, Satanskult, Spiritismus, Dämonen und das Lesen in Kristallkugeln.

C. S. Lewis meinte einmal: „Es gibt zwei Irrtümer über die Teufel, in die das Menschengeschlecht leicht verfällt. Sie widersprechen sich und haben doch dieselbe Wirkung. Der eine ist, ihre Existenz überhaupt zu leugnen. Der andere besteht darin, an sie zu glauben und sich in übermäßiger und ungesunder Weise mit ihnen zu beschäftigen. Die Teufel selbst freuen sich über beide Irrtümer gleichmäßig. Sie begrüßen den Materialisten wie den Anhänger der schwarzen Magie mit demselben Vergnügen."[2]

Ein Wort der Warnung

Wir sind uns bewußt, daß wir mit diesem Thema den einen oder anderen mit Sachverhalten und Praktiken konfrontieren, die ihm bisher noch nicht begegnet sind. Wir wollen also keinesfalls die Neugier unserer Leserschaft anstacheln und somit die Absicht dieses Buches ins Gegenteil verkehren. Das Wissen um die Faszination, die das Böse auf den Menschen ausübt, soll uns den Rat, den Paulus an die Römer schreibt, umso mehr beherzigen lassen: „Ich will aber, daß ihr weise seid zum Guten, aber geschieden vom Bösen" (Röm. 16,19).

Im okkulten Bereich kann das Spiel mit dem Feuer mitunter schwerste Folgen für das geistliche und seelische Leben eines Menschen nach sich ziehen. Es besteht ein himmelweiter Unterschied zwischen dem bloßen Wissen, daß Gift tötet, und dem Tun, das heißt das Gift zu sich zu nehmen, um einfach bereits bekannte Tatsachen zu ‚testen'. Wir müssen uns die Vorgehensweise Satans in der unsichtbaren Welt vor Augen halten, dürfen unseren Blick davon jedoch nicht fesseln lassen.

Das Übernatürliche existiert tatsächlich

Jeder Mensch sucht nach Antworten auf Fragen, die ihn ganz zentral betreffen: Worin besteht der Sinn meines

Lebens? Gibt es ein Leben nach dem Tod? Kann man die Existenz eines unsichtbaren Gottes beweisen?

Nach Aussage der Bibel findet in der unsichtbaren Welt ein Kampf statt: „Denn wir haben nicht mit Fleisch und Blut zu kämpfen, sondern mit Mächtigen und Gewaltigen, nämlich mit den Herren der Welt, die in dieser Finsternis herrschen, mit den bösen Geistern unter dem Himmel“ (Eph. 6,12).

Die Tatsache, daß hier zwei Reiche, das Reich Gottes und das Reich Satans, ständig miteinander im Krieg liegen, liefert uns einen weiteren Grund, weshalb Jesus auf die Erde kam: „Dazu ist erschienen der Sohn Gottes, daß er die Werke des Teufels zerstöre“ (1. Joh. 3,8).

Obwohl aus der Schrift ganz klar hervorgeht, daß das Übernatürliche sehr wohl existiert, vertreten manche die Ansicht, daß Besessenheit, der Teufel und Dämonen den Mythen zuzuordnen seien und diesbezügliche Aussagen der Bibel von einem verstaubten und abergläubisch eingefärbten Weltbild herrührten. Wenn jedoch jemand diesen Aspekt der Bibel bewußt herausstreichen möchte, fegt er automatisch grundlegende Wahrheiten vom Tisch. John Montgomery, Dekan der juristischen Fakultät ‚Simon Greenleaf School of Law' und führender amerikanischer Theologe, bemerkt hierzu:

„Einer meiner Theologieprofessoren behauptete schlichtweg, daß die Dämonen im Neuen Testament nur symbolischen Charakter im Hinblick auf das Böse, auf Psychosen und auf Krankheiten besäßen, erregte sich jedoch sichtlich, als ich ihm die Frage stellte, ob wir denn auch Jesus nur als Verkörperung des Guten, der seelischen und körperlichen Gesundheit ansehen sollten, da sich ja bei der ‚Versuchung in der Wüste' ein Dialog zwischen zwei Wesen derselben Wirklichkeitsebene abspiele. Mit welchen Problemen sich doch diejenigen konfrontiert sehen, die Bibelstellen über den Satan entmythologisieren wollen: Sie müßten konsequenterweise dann mit den Abschnitten über Jesus und die Frohe Botschaft ebenso verfahren."[3]

Wenn man also die sogenannten Mythen aus der Schrift herausstreichen will, bleibt am Ende ein gehaltloses Evangelium ohne lebensverändernde Kraft übrig. Solchen Kritikern halten wir entgegen, daß das gesamte Evangelium logisch in sich stimmig ist und der Wahrheit entspricht, auch was Satans Kampf gegen die Frohe Botschaft, Gottes übernatürliches Eingreifen und seinen unumstößlichen Sieg anbetrifft. Die Welt des Okkulten existiert, Gottes allmächtiger Geist aber ebenso!

Die okkulte Täuschung

Obwohl wir an die Realität der unsichtbaren Welt glauben, dürfen wir noch lange nicht alle Phänomene, die man sich nicht erklären kann, dieser Kategorie zuordnen. Es verbirgt sich viel Bluff unter dem Mantel des ‚Übernatürlichen', wodurch immer wieder zahllose Menschen hinters Licht geführt werden.

Danny Korem und Paul Meier nehmen das Problem des Übernatürlichen genauer unter die Lupe und erklären den Unterschied zwischen okkulten und pseudookkulten Phänomenen so:

„Worin besteht eigentlich der Unterschied zwischen okkulten und pseudo-okkulten Phänomenen? Erstere sind Erscheinungsformen übernatürlicher Kräfte, ihrer Folgen sowie eines übernatürlichen Wissens oder stehen mit ihnen in engem Zusammenhang. Als geläufigstes Beispiel ließe sich hier dämonische Besessenheit anführen, die nach außen hin sichtbar ist, ihre Ursache, die

Dämonen, hingegen verborgen bleibt. Liegt ein pseudookkultes Phänomen vor, so meint man nur, man habe es mit geheimen, übernatürlichen Kräften zu tun, in Wirklichkeit aber handelt es sich um Auswirkungen aus dem seelischen oder körperlichen Bereich.

In diesem Buch sollen die Unterscheidungsmerkmale von wahrem und vermeintlichem Okkultismus aufgelistet werden, da sich eine Verwechslung der beiden als äußerst verheerend erweisen kann. Jemand, der bereits bei mehreren Personen Dämonen ausgetrieben hatte, versuchte sein Glück bei einem Teenager. Der Exorzist band das junge Mädchen an einem Stuhl fest, damit sie sich während der Austreibung nichts antun konnte, und zog sein Programm ab. Am Ende jedoch stellte sich heraus, daß sie unter Schizophrenie litt und in den Händen eines erfahrenen Psychiaters weit besser aufgehoben gewesen wäre. Nach diesem traumatischen Erlebnis verschlechterte sich der Zustand des Mädchens zusehends."[4]

An dieser Stelle erübrigt es sich schon fast, vor allzu schnellen Prognosen eindringlich zu warnen. Auch wenn nicht alle christlichen Autoren wie Korem und Meier gewisse Phänomene der Kategorie ‚Täuschung' zuordnen würden, so kann man doch von obigem Abschnitt ein notwendiges Maß an Vorsicht für sich selbst ableiten.

Die okkulte Explosion

Wir leben in einer Zeit, in der okkulte Praktiken rasend schnell um sich greifen. Martin Ebon, ehemaliger Geschäftsführer der *Parapsychology Foundation,* einer

Stiftung für Parapsychologie, erklärt das wachsende Interesse am Okkulten folgendermaßen:

„Okkulte Praktiken und außernatürliche Erscheinungen üben eine ungeahnte Macht auf den modernen Menschen aus. ... Diese Zeiterscheinung ist auf zwei Ursachen zurückzuführen. Zum einen muß der ‚Kult des Übersinnlichen' (die Effekte, die der Drogenkonsum herbeiführt; Anm. d. Übers.) genannt werden, der die Menschen nach derartigen Erfahrungen in Meditationen und ähnlichen Übungen suchen läßt. Erreicht man damit dann einen veränderten Bewußtseinszustand, so wird er als Beweis dafür verwendet, daß der Verstand die Materie und Ereignisse zu beeinflussen vermag. Zum anderen überschwemmten mehrere aufeinanderfolgende okkulte und pseudo-okkulte Wellen die westliche Welt, die das Wiederaufleben okkulter Praktiken begünstigten. Viele Fernsehprogramme und Kinofilme behandelten ähnliche Themen, wie zum Beispiel *Rosemaries Baby*, ein Film, der die Geburt eines teuflischen Kindes zum Inhalt hat. Hunderttausende konnten in dem Kinofilm *Der Exorzist* die grausamen Erscheinungsformen dämonischer Besessenheit und Dämonenaustreibung miterleben."[5]

Der Glaube an das Okkulte ist offensichtlich bis in die letzten Winkel unserer Gesellschaft vorgedrungen. Fast überall wird man mit Okkultismus in irgendeiner Form in Berührung gebracht: von den Medien angefangen bis hin zum Tante-Emma-Laden, der Horoskope zur Gewichtsabnahme oder für ein erfüllteres Sexualleben feilbietet.

Fakten

1. In der Mehrzahl werden okkulte Bücher, Zeitschriften und Glücksbringer von Frauen gekauft.
2. Die *American Astrological Association* (Astrologische Vereinigung Amerikas) will an 339 660 Kunden Horoskope zu Preisen zwischen ca. DM 6,- und DM 17,- verkauft haben.
3. 86 000 amerikanische Frauen blätterten jeweils umgerechnet DM 14,50 auf den Tisch, um ein bestimmtes Amulett per Post zu erwerben.
4. 208 302 Interessierte in den USA schafften sich das *Handbook of Supernatural Powers* an, ein Handbuch über übernatürliche Kräfte, das genaue Anleitungen für alte Zaubertränke und Zaubersprüche enthält.
5. Die Mitgliederzahl des *Circle of Mystic and Occult Arts,* ein Bücherclub für mystische und geheime Kunst in Amerika, beläuft sich auf 16 842 Personen.

Warum besteht ein solches Interesse?

Angesichts der alarmierend hohen Anzahl von Menschen, die in okkulte Praktiken verwickelt sind, drängt sich einem die Frage nach dem Warum auf. Warum ist gerade in unserer aufgeklärten Zeit mit ihren wissenschaftlichen und technischen Errungenschaften ein solcher Okkult-Boom zu verzeichnen? Wir sind der Ansicht, daß verschiedene Faktoren dazu beitragen.

1. Die Verweltlichung des Christentums

In den letzten Jahren haben führende Vertreter der Kirchen Grundwahrheiten des christlichen Glaubens verworfen und damit ein geistliches Vakuum geschaffen, das die Menschen dazu veranlaßt, ihre geistlichen Bedürfnisse an anderer Stelle zu stillen. Damit noch nicht genug. Einige der Kirchenführer, die das Evangelium beiseite schoben, praktizieren selbst okkulte Künste und führen viele ihrer Schäfchen damit in die Irre.

Als bekanntestes Beispiel hierfür könnte man Bischof James Pike nennen, der die Gottheit Jesu, seine Jungfrauengeburt und andere zentrale Wahrheiten für null und nichtig erklärte. Nach dem Selbstmord seines Sohnes begann er, Medien zu befragen, um mit dem Geist seines verstorbenen Sohnes Verbindung aufzunehmen. Pike ‚bekehrte' sich daraufhin zu dem Glauben an das Leben nach dem Tode, der natürlich nicht auf der biblischen Lehre, sondern auf seiner Beschäftigung mit dem Okkulten basierte. In seiner Rolle als Vorbild stürzte er damit unzählige Menschen ins Verderben. Wenn die Kirche das Evangelium Jesu Christi verwässert, öffnet sie automatisch den Machenschaften des Gegenspielers Tür und Tor.

2. *Neugier*

Das Geheimnisvolle am Okkulten weckt unsere Neugier. Für viele fing es ganz harmlos an, man gab Satan den kleinen Finger (Horoskope lesen, Ouijaboard befragen) und beließ es nicht dabei, weil die nun einmal geweckte Neugierde sich nicht so einfach stillen ließ. Buzzard äußert sich zu dieser Faszination folgendermaßen:

„Unser Zeitalter scheint eine besondere Faszination für das Böse, das Seltsame und das Unerklärliche zu verspüren. Bei Horror, Ekel und Abscheu scheinen die Menschen erst so richtig ‚aufzublühen'. Alles, was einen erbrechen, in Ohnmacht fallen oder Alpträume erleben läßt, zieht uns in seinen Bann. Margret Knoblauch faßt diese Beobachtung in ihrem Kommentar über den Film

Der Exorzist zusammen: ‚Das Besorgniserregendste bei diesem Film liegt möglicherweise in der Tatsache, daß der Durst und die Gier nach dem Bösen von der Bestie in uns herrühren, die mit tödlicher Sicherheit zum Sprung ansetzt, wenn die richtigen Voraussetzungen dafür geschaffen sind.' Und es scheint, als ob die richtigen Voraussetzungen in unserer Zeit gegeben sind. Was sich einst im Verborgenen aufhielt, tanzt mittlerweile zügellos auf den Straßen."[6]

Für diese Neugier ist jedoch ein hoher Preis zu entrichten. Das Okkulte stellt keine neutrale Zone dar, die man unbeschadet wieder verlassen kann.

F. W. Thomas berichtet von einem Journalistenehepaar, das die okkulte Szene Londons zu ergründen suchte. Beide schlossen sich einer Gruppe von Satanisten an, um Informationen aus erster Hand zu erhalten, zogen sich dann aber wieder zurück, weil sie zu schreckliche Dinge mitansehen und erleben mußten. Die grausamen Ereignisse ließen sie nicht mehr zur Ruhe kommen. Ihr Leben hatte sich grundlegend verändert.

Thomas zieht daraus den Schluß: „Diese bittere Erfahrung mußten zwei leichtsinnige Journalisten machen, deren Neugierde in bezug auf schwarze Magie sie durch die Hölle unsäglicher Angst und Verzweiflung zerrte. Man kann nicht einfach mit dem Feuer spielen, ohne sich dabei die Finger zu verbrennen."[7]

3. Das Okkulte scheint Antworten auf Existenzfragen anzubieten

Der Realitätsbezug okkulter Praktiken zieht viele Menschen in seinen Bann. Unserem Wunsch, auf brennende Lebensfragen Antworten zu erhalten, kommt der Okkultismus nur allzu gerne nach. Der Astrologe stellt Prognosen über die Zukunft auf, das Ouijabrett verspricht richtige Entscheidungen, und das Medium tritt mit dem Geist eines verstorbenen Verwandten in Verbindung, der dann versichert, daß in der anderen Welt alles in Ordnung sei.

Da derartige Handlungen erstaunliche Sachverhalte aufdecken, wiegt sich der Befrager in der Sicherheit, nun mit der Weisheit letztem Schluß konfrontiert worden zu sein und deswegen nicht länger nach der Wahrheit suchen zu müssen. Die innere Leere des Menschen wird mit Geisterfahrungen ausgefüllt, die mit Gottes Geist absolut nichts zu tun haben, sondern oft direkt von der Hölle ausgehen.

Der Okkultismus aus der Sicht der Bibel

Im Alten und im Neuen Testament werden magische Praktiken schonungslos an den Pranger gestellt, ja sogar strikt verboten:

„Wenn du in das Land kommst, das dir der Herr, dein Gott, geben wird, so sollst du nicht lernen, die Greuel dieser Völker zu tun, daß nicht jemand unter dir gefunden werde, der seinen Sohn oder seine Tochter durchs Feuer gehen läßt oder Wahrsagerei, Hellseherei, geheime Künste oder Zauberei treibt oder Bannungen oder Geisterbeschwörungen oder Zeichendeuterei vornimmt oder die Toten befragt. Denn wer das tut, der ist dem Herrn ein Greuel, und um solcher Greuel willen vertreibt der Herr, dein Gott, die Völker vor dir. Du aber sollst untadelig sein vor dem Herrn, deinem Gott. Denn diese Völker, deren Land du einnehmen wirst, hören auf Zeichendeuter und Wahrsager; dir aber hat der Herr, dein Gott, so etwas verwehrt“ (5. Mo. 18,9-14).

Das Neue Testament warnt in der gleichen Weise vor

derartigen Werken (Gal. 5,20). Viele Epheser, die okkultes Brauchtum intensiv pflegten, wurden an Jesus gläubig und brachen öffentlich mit ihrer Vergangenheit: „Viele aber, die Zauberei getrieben hatten, brachten die Bücher zusammen und verbrannten sie öffentlich ..." (Apg. 19,19).

Eine andere Konfrontation zwischen dem Evangelium und dem Reich der Finsternis finden wir in Apostelgeschichte 13,6-12: „Als sie die ganze Insel bis nach Paphos durchzogen hatten, trafen sie einen Zauberer und falschen Propheten, einen Juden, der heiß Barjesus; der war bei dem Statthalter Sergius Paulus, einem verständigen Mann. Dieser rief Barnabas und Saulus zu sich und begehrte, das Wort Gottes zu hören. Da widerstand ihnen der Zauberer Elymas – denn so wird sein Name übersetzt – und versuchte, den Statthalter vom Glauben abzuhalten. Saulus aber, der auch Paulus heißt, voll heiligen Geistes, sah ihn an und sprach: Du Sohn des Teufels, voll aller List und aller Bosheit, du Feind aller Gerechtigkeit, hörst du nicht auf, krumm zu machen die geraden Wege des Herrn? Und nun siehe, die Hand des Herrn kommt über dich, und du sollst blind sein und die Sonne eine Zeitlang nicht sehen! Auf der Stelle fiel Dunkelheit und Finsternis auf ihn, und er ging umher und suchte jemanden, der ihn an der Hand führte. Als der Statthalter sah, was geschehen war, wurde er gläubig und verwunderte sich über die Lehre des Herrn."

Der falsche Prophet, der sich selbst Bar-Jesus (Sohn Jesu) nannte und mit allen Mitteln versuchte, den Landvogt Sergius Paulus vom Glauben an Jesus abzuhalten, wurde von Gott augenblicklich mit Blindheit geschlagen. Walter Martin stellt anhand dieses Bibelabschnittes fünf Merkmale über Widersacher Gottes zusammen:

1. Sie haben einen Bund mit Satan geschlossen und besitzen übernatürliche Kräfte.
2. Sie sind falsche Propheten.
3. Sie versuchen, auf Menschen politisch und geistlich Einfluß zu nehmen, und haben es insbesondere auf solche Personen in hohen Positionen abgesehen (V. 6-7).
4. Sie haben das Bestreben, Suchende am Hören des Wortes Gottes zu hindern, indem sie den Evangelisten bzw. Predigern erheblichen Widerstand leisten.
5. Sie haben es sich zur Aufgabe gemacht, ernsthaft am Glauben Interessierte abzulenken.[8]

2. Astrologie

Die beiden entscheidenden Fragen der Menschheit lauten: „Wer bin ich?“ und „Was geschieht in der Zukunft?“ Die Ungewißheit und die Sorge um die Zukunft rauben nicht wenigen Menschen ihren nächtlichen Schlaf. Die Astrologie behauptet, den Stein der Weisen dafür gefunden zu haben, und bietet täglich Horoskope an. „Unter welchem Sternzeichen sind Sie geboren?“, lautet oft die beliebte Frage in beiläufigen Gesprächen. Das magische Brauchtum der Astrologie steigt wieder aus den Gräbern der Vergessenheit hervor.

Was ist Astrologie?

Man könnte es ein ‚Handwerk‘ mit alter Tradition nennen, das von der Annahme ausgeht, daß die Position der Sterne einen direkten Einfluß auf Personen und Ereignisse ausübt und Voraussagen über den Verlauf eines Lebens gemacht werden können, indem man die Sternenkonstellation zum Zeitpunkt der Geburt des jeweiligen Menschen feststellt. Rene Noorbergen beschreibt, mit welchen Informationen ein Horoskop erstellt wird:

„Der Geburtszeitpunkt, der den Ausgangspunkt aller Horoskope darstellt, liefert zusammen mit dem Breiten- und Längengrad des Geburtsortes die ersten Angaben für die astrologische Prognose. Zusätzlich dazu muß noch die ‚wahre Ortszeit‘ mit in Betracht gezogen werden. Sie wird errechnet, indem man pro Längengrad vier Minuten dazuzählt bzw. abzieht, je nachdem, um wie viele Längengrade der Geburtsort östlich oder westlich von dem Zentrum der jeweiligen Zeitzone entfernt liegt. Beim nächsten Schritt muß das Ergebnis mit Hilfe der

Ephemeriden (= Gestirnberechnungstafeln), die über die verschiedenen Sternkonstellationen in ihrer Beziehung zur Erde Auskunft geben, in die ,Sternenzeit' umgewandelt werden. Hat man dieses Datum erhalten, dessen Errechnung einer simplen Mathematikaufgabe gleichkommt, kann man mit der eigentlichen Erstellung des Horoskopes beginnen. Hierbei muß der ,Aszendent' mit dem Punkt auf der Neun-Uhr-Position des inneren Kreises des Horoskopes in eine Linie gebracht werden. Dann kann man die verschiedenen ,Häuser' des Tierkreises ablesen, die das Leben und den Besitz des betreffenden Menschen bestimmen."[9]

Die ,Rechtfertigung' der Astrologie

Die Art und Weise, wie Astrologen ihre Kunst rechtfertigen, wird von Michael Van Buskirk näher erläutert:

„Die Zukunft des einzelnen, so behaupten sie, kann vorhergesagt werden, weil die Astrologie von der Einheit aller Dinge ausgeht, dem Glauben also, daß das *Ganze* (der gesamte Kosmos) sich im *Teil* (zum Beispiel dem Menschen) wiederfindet. Der Makrokosmos spiegelt sich im Mikrokosmos wieder. Die Stellung der Planeten (Makrokosmos) ruft entsprechende Reaktionen im Menschen (Mikrokosmos) hervor, was die Schlußfolgerung erlaubt, daß der Mensch lediglich als Marionette an den Fäden des Kosmos hängt und folglich sein Leben und seine Handlungen bereits unabänderlich festgelegt sind."[10]

Noorbergen spinnt den Faden weiter: „An Astrologie zu glauben setzt voraus, daß man sich der Auffassung beugt, entweder als Glückspilz oder als Pechvogel auf die Welt gekommen zu sein. Es wird gesagt, daß die Sterne nicht nur den Verlauf unseres Lebens voraussagen, sondern auch darüber bestimmen, was in unserem Leben passiert. Sie ist die treibende und hemmende Kraft zugleich ...«[11]

Die Probleme der Astrologie

Der Anspruch auf Glaubwürdigkeit, den die Astrologie erhebt, geriet des öfteren ins Kreuzfeuer wissenschaftlicher Kritik. Im September 1975 verfaßten 186 bekannte Wissenschaftler gemeinsam mit achtzehn Nobelpreisträgern eine Erklärung, in der sie die ‚Anmaßungen astrologischer Scharlatanerie' aufs heftigste verurteilten und nachdrücklich darauf hinwiesen, daß die Behauptung, Sterne könnten Ereignisse voraussagen und Menschenleben beeinflussen, jeglicher wissenschaftlicher Grundlage entbehrt. In den folgenden Abschnitten werden nun einige Gründe angeführt, weshalb die Astrologie als unwissenschaftlich und unbiblisch verworfen werden muß.

1. Das Problem der Autorität

Da Astrologen Opfer ihres eigenen Systems sind, verfügen sie über keinerlei Autorität, keinerlei objektiven Standpunkt, der nötig wäre, um die Zusammenhänge unserer Welt zu erklären. Wenn durch die Sternzeichen bereits alles festgelegt ist, wie können dann die dem Schicksalsglauben verschriebenen Astrologen noch von einer distanzierten Weise aus das Ganze betrachten?

Was aber, wenn die kosmische Bestimmung der Astrologen darin liegt, alles durch Astrologie zu erklären? Die Astrologen befinden sich selbst innerhalb des Systems, daher können sie es nicht beweisen!

2. Sich widersprechende Systeme

Das Autoritätsproblem der Astrologie tritt durch nichts krasser zutage als durch die verschiedenen astrologischen Systeme. Bei der Interpretation der Horoskope lesen die Chinesen etwas ganz anderes heraus als ihre westlichen Kollegen. Das geht bis hin zur Anzahl der Tierkreiszeichen, bei denen manche auf acht anstatt auf zwölf bestehen, andere auf vierzehn oder gar auf vierundzwanzig; die Theorien klaffen weit auseinander!

Durch solch gravierende Unterschiede kann ein Mensch, der zwei Astrologen aufsucht, zwei völlig entgegengesetzte Voraussagen für ein und denselben Tag erhalten. Diese Beobachtung kann nicht einfach als Zufall gedeutet werden, zumal da ein simpler Vergleich zwischen Horoskopen aus zwei verschiedenen Zeitungen nur noch eine weitere Bestätigung erbringt.

3. Geozentrisches Weltbild

Die Astrologie verficht immer noch die These, daß die Planeten um die Erde kreisen, obwohl sie von Kopernikus längst widerlegt ist. Kopernikus entdeckte ja, daß die Sterne Planetenbahnen um die Sonne beschreiben (heliozentrisches Weltsystem). Schon allein das sollte Grund genug sein, der Astrologie keinen Glauben zu schenken, auch wenn sie ihre Interpretationen und Schlüsse unserem heutigen Wissensstand gemäß etwas zurechtzubiegen versucht.

4. Fehlende Planeten

Einer der Hauptirrtümer, auf dem die Astrologie fußt, stellt die Anzahl der Planeten in unserem Sonnensystem dar, die auf sieben beziffert wird, wobei Sonne und Mond bereits darin enthalten sind. Die Tatsache, daß man früher die drei Planeten Neptun, Pluto und Uranus mit bloßem Auge nicht erkennte konnte, ließ die Astrologen von damals ein Modell mit nur sieben um die Erde kreisenden Planeten entwerfen, das in der Zwischenzeit bereits korrigiert wurde – das heißt, die drei Planeten kreisen nun wie die anderen um die Sonne.

5. Zwillinge

Astrologen geraten immer wieder in Verlegenheit, wenn man die Geburt von Zwillingen anspricht. Eigentlich sollte sie ja laut Astrologie dasselbe Schicksal erwarten, weil sie zum selben Zeitpunkt und am selben Ort das Licht der Welt erblickten. Wie uns die Erfahrung lehrt, trifft das nur in den seltensten Fällen zu. Der eine Zwilling kann es unter Umständen zu etwas bringen, der andere dagegen möglicherweise im Ruin enden.

6. Begrenzter Horizont

Eine weitere Schwachstelle der Astrologie liegt darin, daß sie sich aufgrund begrenzter Örtlichkeiten ihrer Entstehung (am Äquator) nicht mit der Frage auseinandersetzen konnte, ob in anderen Breitengraden der Erde zur selben Zeit dieselben Sternkonstellationen zu sehen sind.

Michel Gauquelin merkt dazu an: „Die Astrologie, die in der Nähe des Äquators ihren Ursprung hat, ließ die Möglichkeit außer acht, daß ein bestimmter Planet unter Umständen in höheren Breitengraden für einige aufeinanderfolgende Wochen überhaupt nicht zu sehen ist.“[12]

Aufgrund dieses Sachverhaltes gerät ein weiterer Pfeiler astrologischer Lehre ins Wanken. Van Buskirk meint hierzu: „Die Astrologie kann sich wohl kaum – wissenschaftlich gesehen – auf ihre Behauptung stützen, daß der Mikrokosmos den Einfluß des Makrokosmos widerspiegelt, wenn ein Teil des Mikrokosmos (z. B. ein Mensch über dem 66. Breitengrad) davon unberührt bleibt.«[13]

7. Keine wissenschaftliche Absicherung

Der wohl stärkste Vorwurf gegen astrologische Voraussagen besteht darin, daß sie absolut keinen wissenschaftlichen Wert besitzen. Paul Couderc, Astronom am Pariser Observatorium, kam zu folgendem Ergebnis, nachdem er die Horoskope von 2817 Musikern untersucht hatte:

„Die Stellung der Sonne oder der Sterne hat keinerlei Bedeutung im Hinblick auf die Musikalität eines Menschen. Musiker werden das ganze Jahr über nach dem Zufallsprinzip geboren. Halten wir daher fest: Die Theorie von der ‚wissenschaftlichen Astrologie' ist genauso wenig haltbar wie die Vorhersage der Astrologie ‚für's Volk'. Das mag sehr unangenehm klingen, entspricht jedoch den Tatsachen.«[14]

8. Berücksichtigung des falschen Zeitpunktes

Ein unübersehbares Problem betrifft die Wahl des Zeitpunktes, der als Grundlage astrologischer Aussagen dient. Bekanntlich zieht man zur Erstellung eines Horoskopes den Augenblick der Geburt heran, obwohl der Augenblick der Zeugung in diesem Zusammenhang viel näher liegen würde, weil genau da die Verteilung der genetischen Faktoren festgelegt wird und die Sterne, wenn überhaupt, doch hier am ehesten auf das Schicksal eines Lebens Einfluß nehmen könnten.

9. Verschiebung der Tierkreiszeichen

Die Tierkreiszeichen liefern uns einen weiteren Beweis gegen die Wissenschaftlichkeit der Astrologie. Kenneth Boa führt dieses Problem näher aus:

„Die Astronomen früherer Zeiten waren sich nicht bewußt, daß die Planeten etwas schneller wandern als der Sonnenkalender anzeigt, und konnten daher diesen Faktor nicht in ihr System miteinbeziehen. Die zwölf Sternzeichen entsprachen ursprünglich den zwölf gleichnamigen Konstellationen am Himmel. Weil aber die Planeten vorausgewandert sind, ergab sich in den vergangenen 2000 Jahren eine Verschiebung von 30° zwischen den Tierkreiszeichen am Himmel und den astrologischen Tierkreiszeichen. Das bedeutet, Jungfrau befindet sich mittlerweile an der Stelle von Waage, Waage ist auf den Platz des Skorpion weitergerückt usw. Kommt ein Baby am 1. September auf die Welt, wäre es nach Aussagen der Astrologen unter dem Zeichen der Jungfrau geboren, nämlich dort, wo zu diesem Zeitpunkt die Sonne steht. In Wirklichkeit aber ist die Sonne bereits weitergewandert und liegt im Sternzeichen des Löwen. Somit kann man von der Existenz zweier Tierkreise sprechen: einem, der langsam wandert (siderischer Tierkreis) und einem, der festbleibt (tropischer Tierkreis). Nach welchem also soll man sich richten?“[15]

Die Astrologie und die Bibel

Die Bibel warnt uns davor, in die Abhängigkeit der Astrologie zu geraten: „Du hast dich müde gemacht mit der Menge deiner Pläne. Es sollen hertreten und dir helfen die Meister des Himmelslaufs und die Sterngucker, die an jedem Neumond kundtun, was über dich kommen werde! Siehe, sie sind wie Stoppeln, die das Feuer verbrennt, sie können ihr Leben nicht erretten vor der Flamme Gewalt. ... und du hast keinen Retter" (Jes. 47,13-15).

Weitere Warnungen finden wir in Jeremia 10,2: „So spricht der Herr: Ihr sollt nicht den Gottesdienst der Heiden annehmen und sollt euch nicht fürchten vor den Zeichen des Himmels, wie die Heiden sich fürchten" und in 5. Mose 4,19: „Hebe auch nicht deine Augen auf gen Himmel, daß du die Sonne sehest und den Mond und die Sterne, das ganze Heer des Himmels, und fallest ab und betest sie an und dienest ihnen."

Das Buch Daniel bietet uns einen Vergleich zwischen Sterndeutern und denjenigen, die dem wahren und lebendigen Gott angehören. Kapitel 1,20 zeigt uns, daß Daniel und seine drei Freunde zehnmal weiser und klüger waren als die Astrologen, weil erstere dem Gott Israels dienten und nicht die Sonne anbeteten. Den Traum des Königs konnten die Magier und Weisen nicht deuten. Vielmehr befähigte Gott, der allein die Zukunft zu offenbaren vermag, Daniel dazu, der Bitte des Königs zu entsprechen (siehe Dan. 2,27.28). Dadurch wurde ein großes Blutbad verhindert.

Die Bibel drückt sich in bezug auf die Astrologie, die Gott als Greuel ansieht, sehr unmißverständlich aus, da sie durch okkulte Praktiken und nicht durch Gottes inspiriertes Wort in die Zukunft blicken möchte.

Es ist gefährlich, sich nach Horoskopen zu richten!

1. Die Kosten für astrologisches Brimborium belaufen sich auf astronomische Summen.

2. Astrologischer Rat bezüglich Investitionen und Geldanlagen kann sehr teuer werden und erweist sich häufig als völlig verkehrt.
3. Da in der Astrologie der freie Wille des Menschen keinen Platz hat, verfallen viele Menschen einer Art Schicksalsglauben, der sie manchmal in tiefe Depressionen stürzt.
4. Fanatismus auf diesem Gebiet kann zu extremen und bisweilen sogar gefährlichen Verhaltensmustern führen: Frauen lehnten zum Teil trotz medizinischen Rates die Einleitung der bereits verzögerten Geburt ihres Kindes ab, damit es unter einem anderen Sternzeichen zur Welt kommen sollte.

Weshalb glauben Menschen an die Astrologie?

Warum vertrauen sich so viele Menschen der Astrologie an, wo diese doch jeglicher wissenschaftlicher und biblischer Grundlage entbehrt? Eine Antwort auf diese Frage könnte man wohl in der Tatsache sehen, daß Voraussagen manchmal tatsächlich eintreffen. So heißt es in einem Buch zu diesem Thema:

„Als der frühere Astrologieguru Grant Lewi einmal gefragt wurde, weshalb er an die Aussagen der Astrologie glaube, erwiderte er lakonisch: ‚Weil das Ganze funktioniert!'"[16]

Es gibt aber eine weitaus bessere Erklärung für das ‚exakte Eintreffen' astrologischer Prognosen. Liest man selbst nur im Vorbeigehen ein Horoskop, so mögen einem die sehr allgemein gehaltenen und zweideutigen Aussagen ins Auge springen, die theoretisch auf alles und jeden zutreffen könnten. Die amerikanische Wochenzeitschrift *Time* beobachtet hierzu folgendes:

„Man kann viele Möglichkeiten mit den Aussagen der Astrologen durchspielen, so daß sie mit ihren Prognosen immer richtig liegen. Brechen Sie sich beispielsweise ein Bein, wenn der Astrologe Ihnen Gutes vorhergesagt hat, so kann er Ihnen zu Ihrem Glück im Unglück gratulieren, weil ja noch viel Schlimmeres hätte passieren können. Wenn Sie hingegen die Warnungen Ihres Horoskopes mißachten und ein Unglück vergebens auf sich warten läßt, so kann er Ihnen entgegenhalten, daß Sie sich dank der Vorwarnung unbewußt richtig verhielten."[17]

Kurt Koch beleuchtet in diesem Zusammenhang den suggestiven Aspekt: „Der Mensch, der sich vom Astrologen beraten läßt, bringt eine gewisse Bereitschaft mit, an das Horoskop zu glauben. Diese Bereitschaft führt zu einer Autosuggestion, sein Leben nach dem Horoskop zu richten und so zu seiner Erfüllung beizutragen."[18]

Die Astrologie hat biblisch und wissenschaftlich gesehen ausgespielt. Das Wort Gottes weist ganz eindeutig darauf hin, daß wir alle die Möglichkeit und Fähigkeit besitzen, den Weg für unser Leben zu wählen. Der Fatalismus der Astrologie würde uns diesen Weg verbauen und ist daher abzulehnen.

Rachleff berichtet von einer äußerst interessanten Studie, bei der ein und dasselbe Horoskop an über 100 verschiedene Personen versandt wurde, die zuvor Angaben über ihren Geburtsort, –zeitpunkt etc. gemacht hatten. Unter den Teilnehmern gab es Vertreter aller zwölf Tierkreiszeichen. ... Jeder Versuchsperson wurde versichert, daß sie genau ihr persönliches Horoskop erhalten hätte. ... „Viele", so schreibt Rachleff, „waren von der verblüffenden Genauigkeit überrascht."[19]

3. Dämonen

Die Bibel lehrt uns nicht nur etwas über die Existenz des Teufels, sondern schweigt sich auch in keinster Weise über sein Gefolge aus – die Dämonen oder bösen Geister. Die Dämonen lebten einst wie die Engel in der heiligen Gegenwart Gottes, fielen jedoch mit Satan, ihrem Herrscher, von Gott ab und erwarten mit Luzifer die ewige Verdammnis, nachdem das Urteil über sie ausgesprochen ist (Offb. 20,10-15). Die Bibel gibt uns einige Informationen über die Dämonen:

1. Dämonen sind Geister ohne Körper: „Denn wir haben nicht mit Fleisch und Blut zu kämpfen, sondern mit Mächtigen und Gewaltigen, nämlich mit den Herren der Welt, die in dieser Finsternis herrschen, mit den bösen Geistern unter dem Himmel" (Eph. 6,12).

2. Dämonen lebten ursprünglich in Gottes Gemeinschaft: „Auch die Engel, die ihren himmlischen Rang nicht bewahrten, sondern ihre Behausung verließen, hat er für das Gericht des großen Tages festgehalten mit ewigen Banden in der Finsternis" (Jud. 6).

3. Dämonen sind zahlreich: „Denn er hatte zu ihm gesagt: Fahre aus, du unreiner Geist, von dem Menschen! Und er fragte ihn: Wie heißt du? Und er sprach: Legion heiße ich; denn wir sind viele" (Mk. 5,8-9).

4. Dämonen unterstehen einer strengen hierarchischen Ordnung: „... Er treibt die bösen Geister nicht anders aus als durch Beelzebub, ihren Obersten" (Mt. 12,24).

5. *Dämonen besitzen übernatürliche Kräfte:* „Es sind Geister von Teufeln, die tun Zeichen und gehen aus zu den Königen der ganzen Welt, sie zu versammeln zum Kampf am großen Tag Gottes, des Allmächtigen" (Offb. 16,14).

6. *Dämonen kennen Gott sehr gut:* „Und siehe, sie schrien: Was willst du von uns, du Sohn Gottes? Bist du hergekommen, uns zu quälen, ehe es Zeit ist?" (Mt. 8,29).

7. *Dämonen dürfen auf der Erde umherwandern und Ungläubige quälen:* „Wenn der unreine Geist von einem Menschen ausgefahren ist, so durchstreift er dürre Stätten, sucht Ruhe und findet sie nicht. Dann spricht er: Ich will wieder zurückkehren in mein Haus, aus dem ich fortgegangen bin. Und wenn er kommt, so findet er's leer, gekehrt und geschmückt. Dann geht er hin und nimmt mit sich sieben andre Geister, die böser sind als er selbst; und wenn sie hineinkommen, wohnen sie darin; und es wird mit diesem Menschen hernach ärger, als es vorher war ..." (Mt. 12,43-45).

8. *Dämonen verursachen mitunter Krankheiten:* „Als diese nun hinausgegangen waren, siehe, da brachten sie zu ihm einen Menschen, der war stumm und besessen. Als aber der böse Geist ausgetrieben war, redete der Stumme ..." (Mt. 9,32-33).

9. *Dämonen können in Tiere fahren und sie beherrschen:* „Und er erlaubte es ihnen. Da fuhren die unreinen Geister aus und fuhren in die Säue, und die Herde stürmte den Abhang hinunter in den See, etwa zweitausend, und sie ersoffen im See" (Mk. 5,13).

10. Dämonen können in Menschen fahren und sie beherrschen: „Dazu einige Frauen, die er gesund gemacht hatte von bösen Geistern und Krankheiten, nämlich Maria, genannt Magdalena, von der sieben böse Geister ausgefahren waren" (Lk. 8,2).

11. Dämonen können die Gedanken verwirren: „Und als er aus dem Boot trat, lief ihm alsbald von den Gräbern her ein Mensch entgegen mit einem unreinen Geist, der hatte seine Wohnung in den Grabhöhlen. Und niemand konnte ihn mehr binden, auch nicht mit Ketten; ... Und er war allezeit, Tag und Nacht, in den Grabhöhlen und auf den Bergen, schrie und schlug sich mit Steinen" (Mk.5,2.3.5).

12. Dämonen wissen, daß Jesus Christus Gott ist: „Und alsbald war in ihrer Synagoge ein Mensch, besessen von einem unreinen Geist; der schrie: Was willst du von uns, Jesus von Nazareth? Du bist gekommen, uns zu vernichten. Ich weiß, wer du bist: der Heilige Gottes!" (Mk. 1,23-24).

13. Dämonen erzittern vor Gott: „Du glaubst, daß nur einer Gott ist? Du tust recht daran; die Teufel glauben's auch und zittern" (Jak. 2,19).

14. Dämonen verbreiten falsche Lehren: „Der Geist aber sagt deutlich, daß in den letzten Zeiten einige von dem Glauben abfallen werden und verführerischen Geistern und teuflischen Lehren anhängen" (1.Tim. 4,1).

15. Dämonen führen gegen Gottes Volk Krieg: „Denn wir haben nicht mit Fleisch und Blut zu kämpfen, sondern mit Mächtigen und Gewaltigen, nämlich mit den

Herren der Welt, die in dieser Finsternis herrschen, mit den bösen Geistern unter dem Himmel“ (Eph. 6,12).

16. Dämonen versuchen, das Königreich Jesu Christi zu zerstören: „Seid nüchtern und wacht; denn euer Widersacher, der Teufel, geht umher wie ein brüllender Löwe und sucht, wen er verschlinge“ (1.Petr. 5,8).

17. Gott benützt selbst dämonisches Wirken, um seinen Plan zu erfüllen: „. . .sandte Gott einen bösen Geist zwischen Abimelech und die Männer von Sichem. Und die Männer von Sichem wurden Abimelech untreu“ (Richt. 9,23).

18. Gott wird am Ende die Dämonen richten: „Denn Gott hat selbst die Engel, die gesündigt haben, nicht verschont, sondern hat sie mit Ketten der Finsternis in die Hölle gestoßen und übergeben, damit sie für das Gericht festgehalten werden“ (2.Petr. 2,4).

Die sichtbaren Zeichen eines dämonischen Angriffs

Aus dem Neuen Testament und anderen Erfahrungsberichten lassen sich typische Merkmale für einen dämonischen Angriff entnehmen:

A. *Persönlichkeitsveränderung*, die den Verstand, die moralische Werteskala, das Auftreten und die äußere Erscheinung in Mitleidenschaft zieht.

B. *Physische Veränderungen*
   1. Übernatürliche Kräfte
   2. Epileptische Anfälle mit Begleiterscheinungen
   3. Plötzliches Umfallen

4. Vernebelung des Bewußtseins, fehlendes Schmerzempfinden
5. Veränderte Stimme

C. Geistige Veränderungen

1. Zungenreden sowie das Verstehen von fremden Sprachen, die die Person nicht erlernt hat (dämonisches Gegenstück zum biblischen Zungenreden)
2. Übernatürliches Wissen
3. Seelische und okkulte Kräfte, zum Beispiel Hellsehen, Telepathie und Wahrsagen

D. Geistliche Veränderungen

1. Furcht vor und heftige Abneigung gegen Jesus
2. Läßt sich durch Gebet beeinflussen

E. Befreiung im Namen Jesu möglich

Da sich diese Merkmale auf eine Beurteilung nach einem dämonischen Angriff beziehen, fallen sie nicht automatisch unter die Kategorie der Symptome, die normalerweise vor einer Austreibung auftreten.[20]

Tritt dämonische Besessenheit heute noch auf?

Bedenkt man, daß zur Zeit des Neuen Testaments dämonische Besessenheit durchaus an der Tagesordnung war, erhebt sich ganz natürlich die Frage, ob derartige Phänomene auch heute noch anzutreffen sind. Nach umfangreichen Studien auf dem Gebiet der Dämonologie und jahrelanger Berufserfahrung legt der Psychiater Paul Meier hier seine Beobachtungen dar:

„Ich kann guten Gewissens sagen, daß ich noch niemals einen einzigen Fall von dämonischer Besessenheit vor mir hatte. Dabei wurde mir im Laufe der Jahre bewußt, wie wenig wir überhaupt darüber wissen, und wie knapp sich die Bibel diesbezüglich ausdrückt.

Hunderte von Patienten suchten mich auf, weil sie glaubten, sie wären besessen, manche von ihnen hörten sogar ,dämonische Stimmen', die sie böse Dinge tun hießen. Zuerst einmal überraschte mich sehr, daß dem Gehirn eines jeden Patienten die wichtige Transmitter-Substanz Dopamin fehlte, die dem Körper durch Thorazin oder andere Tranquilizer wieder zugeführt werden konnte. Ich entdeckte, daß all diese ,Dämonen' unter einer ,Thorazinallergie' litten und nach ein oder zwei Wochen verschwanden. Dadurch wurde dem Patienten erst die Möglichkeit gegeben, sich mit seinen eigentlichen Problemen zu befassen."[21]

Es gibt jedoch eine Reihe anderer Autoren auf diesem Gebiet, die dämonische Besessenheit aus nächster Nähe miterlebt haben. Dr. Kurt Koch schreibt dazu: „Ich wurde einmal von Dr. Martin Lloyd-Jones eingeladen, um vor einer Gruppe von Psychiatern in London zu sprechen. Während der anschließenden Diskussion standen zwei Psychiater auf und behaupteten steif und fest, daß Besessenheit als solche nicht existieren würde. Sofort erhoben sich jedoch zwei andere Psychiater – beide Christen – und bezeugten, daß sie nicht nur an Besessenheit als Erscheinung an sich glaubten, sondern schon des öfteren solche Fälle in ihren Praxen zu behandeln hatten."[22]

Im 19. Jahrhundert gab es einige schwere Fälle dämonischer Belastung, die der Chinamissionar John L. Nevius schriftlich festhielt. Nevius betrat in der festen Überzeugung, daß Dämonen und ähnliches der Vergangenheit angehörten, chinesischen Boden. Auch als er aus erster Hand von dämonischer Besessenheit erfuhr, tat er es als abergläubische Phantastereien ab, konnte jedoch beim besten Willen die Menschen nicht davon abbringen, daß das, was sie gehört und gesehen hatten, nicht ihrer Vorstellungskraft entsprang. Im Laufe der Jahre hielt er die Existenz von Dämonen nicht nur für möglich, sondern konnte sich selbst aufgrund eigener Erfahrungen davon überzeugen, daß sie eine furchtbare Realität darstellen. Nevius schreibt:

„Ich reiste mit der Ansicht nach China, daß der Glaube an Dämonen und Verbindungen mit überirdischen Wesen ausschließlich den von Barbarentum und Aberglauben gekennzeichneten Epochen zuzuordnen wäre; falls derartiges in unserer Zeit doch auftreten sollte, so hätte das wohl etwas mit Geistesgestörtheit und Sensationslust zu tun. Ich unterhielt mich dann des öfteren mit Herrn Tu (dem Chinesischlehrer) über sein ‚Lieblingsthema'.... Dabei war die verblüffende Ähnlichkeit zwischen den angeblichen Tatsachen, die er mir schilderte, und der biblischen Lehre von Dämonen nicht zu übersehen. Entweder ist diese Ähnlichkeit reiner Zufall, oder es besteht doch ein Zusammenhang zwischen den beiden Phänomenen."[23]

Dämonenaustreibung

Walter Martin berichtet von zwei Fällen, die sich in seiner Anwesenheit zutrugen:

Beispiel 1

„In Newport Beach (Kalifornien) erlebten vier andere Personen und ich einen Fall von dämonischer Besessenheit hautnah mit. Eine junge Frau (ca. 1,60 Meter groß und 60 Kilogramm schwer) griff einen 90 Kilogramm schweren Mann an und schleuderte ihn mit einem Arm etwa sieben Meter weit durch die Luft. Zu viert – ihr Mann war auch dabei – mußten wir sie auf einem Bett festhalten, während wir im Namen Jesu den Dämonen geboten, den Körper dieser jungen Frau zu verlassen. Im Laufe dieses ganzen Geschehens erfuhren wir, daß sie früher Satan angebetet hatte, er dadurch von ihr Besitz ergriff und sie unter seine Kontrolle bekam ... Sie stammte aus einer Pastorenfamilie, hielt Kindergottesdienst, heiratete einen gläubigen Mann und verkörperte nach außen hin das Ideal eines perfekten Christen. In ihrem Inneren hingegen lästerte es unaufhörlich gegen Jesus und seine Gemeinde. Erst nach ihrer Befreiung nahm sie Jesus Christus als ihren Herrn und Retter an. Heute dienen sie und ihr Mann Gott auf dem Missionsfeld."

Beispiel 2

„Mein Freund, der als Psychologe arbeitet, wurde mit mir zusammen Zeuge einer Dämonenaustreibung in Newport Beach (Kalifornien). Bevor wir den Raum betraten, meinte er noch: ‚Ich wollte dir nur sagen, daß ich nicht an dämonische Besessenheit glaube. Bei diesem Mädchen liegt lediglich eine Geistesgestörtheit vor.' Daraufhin erwiderte ich nur: ‚Mag sein. Das werden wir ja sehen.' Als wir die Tür hinter uns schlossen, dauerte es nicht lange, bis wir die übernatürliche Kraft dieses Mädchens zu spüren bekamen. Mit einem Mal verzerrte sich ihr Gesicht zu einem hämischen Grinsen – mein Freund versicherte mir, daß sie sich in diesem Moment nicht

in der Gewalt hatte – und eine fremde Stimme sagte in einem kühlen und überlegenen Ton: ‚Ihr zieht garantiert den kürzeren!'
Mein Freund blickte mich verdutzt an und fragte: ‚Was soll das heißen?' ‚Nun, genau das, was du nicht wahrhaben willst.' Nach eineinhalb Stunden war das ausgefahren, an dessen Existenz dieser Psychologe ernsthaft zweifelte. Von diesem Augenblick an wußte er nicht nur um die Realität des Teufels und dämonischer Besessenheit, sondern auch um biblische Befreiung. Er erfuhr, daß es Lebewesen anderer Dimensionen gibt, die in unsere Sphäre eindringen und Menschen beherrschen können!"[24]

Halten wir fest: Dämonische Besessenheit kann man nicht gänzlich leugnen, auch wenn sie in den meisten Fällen fälschlicherweise als solche ausgegeben wird, ohne mit der notwendigen Genauigkeit überprüft worden zu sein.

Man sollte nur mit sehr viel Fingerspitzengefühl an die ganze Sache herangehen und nicht gleich hinter allem Besessenheit vermuten, wo in Wirklichkeit körperliche oder seelische Probleme vorliegen. Noch empfehlenswerter ist es, solche Angelegenheiten reifen und erfahrenen Christen zu überlassen, die von Gott eine besondere Ausrüstung für Seelsorge und geistliche Kampfführung erhalten haben. Der menschliche Körper, die Seele und der Geist weisen eine derart komplexe Struktur auf und sind so eng miteinander verflochten, daß es der Gabe der Geisterunterscheidung und eines jahrelangen Erfahrungsschatzes bedarf, um die jeweiligen Fälle richtig einschätzen zu können.

Falls bei jemandem aus Ihrem Bekanntenkreis allen Anzeichen nach Besessenheit zu vermuten ist und die betreffende Person Hilfe sucht, beten Sie dafür und machen Sie diese Person mit einem kompetenten Seelsorger bekannt. Es gibt Hoffnung: Gott kann und möchte für diesen Menschen Befreiung schaffen, egal was ihn in Fesseln hält, seien es dämonische, körperliche oder seelische Bindungen.

4. Parapsychologie

Die Parapsychologie stellt einen neuen Bereich des Okkultismus bzw. einen neuen Zweig der Psychologie dar, je nachdem von welcher Warte aus man sie betrachtet. Dieses Fachgebiet verfolgt das Ziel, übernatürlichen Phänomenen, die mit dem Okkultismus in Zusammenhang stehen, ein wissenschaftliches Mäntelchen umzuhängen. Man versucht das, was bisher als Scharlatanerie von den Denkgebäuden wissenschaftlicher Objektivität ausgeschlossen war, salonfähig zu machen.

In der Parapsychologie erfreut sich ASW (Außersinnliche Wahrnehmung) besonderer Beliebtheit. Einige Gruppen gingen bereits dazu über, herkömmlicher Hexenkunst, die eindeutig dem Okkultismus zuzurechnen ist, nach parapsychologischer Manier mit Hilfe von paranormalen Erklärungsmodellen einen wissenschaftlichen Anstrich zu verleihen.

„Die Mehrzahl der neueren Hexenzirkel vermeiden den Ausdruck ‚übernatürlich' und sprechen daher lieber von supra bzw. paranormalen Ereignissen. Man erkennt Magie und ihre Gesetze an, betrachtet sie als Teil innerhalb des wissenschaftlichen Rahmens, legt jedoch den Schwerpunkt mehr auf die praktischen Erfahrungen mit den Gesetzen der Magie als auf ihren wissenschaftlichen Wert. So gesehen hat eine Art ‚Säkularisierung' der Magie bei der Anpassung an unser naturwissenschaftliches Weltbild stattgefunden. Man hat das, was einst in der okkulten Literatur übersinnliche Kräfte genannt wurde, in Beispiele außersinnlicher Wahrnehmung verwandelt, die angeblich in den Laboratorien der Parapsychologie nachgewiesen und erklärt werden können."[25]

John L. Randall erläutert die Entwicklung der Parapsychologie so:

„Ende der sechziger Jahre errang die Parapsychologie in dem neunzigjährigen Krieg um ihre Anerkennung einen entscheidenden Sieg. Am 30. Dezember 1969 wurde die *Parapsychological Association* (Parapsychologische Vereinigung) öffentlich in die bedeutendste Wissenschaftsakademie Amerikas, der *American Association for the Advancement of Science*, aufgenommen ... Zum ersten Mal in ihrer bewegten Geschichte hatte die Parapsychologie den Status einer legitimen wissenschaftlichen Disziplin erlangt. Von da an konnten Parapsychologen ihre Erkenntnisse von der Kanzel der Wissenschaft herabpredigen, ohne befürchten zu müssen, daß man sie aufgrund ihres Themas belächeln oder nicht ernstnehmen würde."[26]

Die Forderung nach wissenschaftlicher Nachprüfbarkeit hat nicht nur ihre Berechtigung, sie stellt sogar eine unabdingbare Notwendigkeit dar. Betrachtet man jedoch die Parapsychologie als Wissenschaft, so muß man aber gleichzeitig die Bereitschaft mitbringen, Erklärungen von Beobachtungen bis ins Detail zu glauben, ganz gleich, ob es sich um Humbug, Okkultismus oder paranormale Erfahrungen handelt.

In den meisten Fällen führt eine intensive Beschäftigung mit der Parapsychologie zu einem abnehmenden Interesse am Bibellesen. Man entfernt sich mehr und mehr von dem Boden biblischer Wahrheiten und begibt sich unweigerlich auf das Glatteis der paranormalen bzw. übernatürlichen Erfahrungen. Alson J. Smith berichtet von einer jungen Frau an der Duke Universität [die erste Universität, an der seit 1934 Parapsychologie gelehrt wird; Anm. d. Übers.], die auf dem Gebiet der Parapsychologie Forschungen betreibt. Smith führte ein längeres Gespräch mit dieser Frau:

„Sie war ein ruhiges, intelligentes Mädchen aus dem

Süden, die mit der Absicht an die Duke Universität gekommen war, eine christliche Studentenarbeit aufzubauen. In ihrer methodistischen Heimatgemeinde hatte sie bereits des öfteren als Predigerin auf der Kanzel gestanden. An der Universität beschäftigte sie sich mit vielen verschiedenen Disziplinen und verlor nach und nach ihren kindlichen Glauben. An die Stelle ihrer Pläne hinsichtlich des Studentenbibelkreises trat nun die Lehre des Agnostizismus [= Lehre von der Unerkennbarkeit des wahren Seins; Anm. d. Übers.].

Im Laufe ihres Psychologiestudiums entdeckte sie die Parapsychologie, den ‚Schritt über die normale Psychologie hinaus'... Auf diese ‚Wissenschaft' gründete sich nun ihr Glaube; handelte es sich doch um dieselbe geistliche Welt, dieselben geistlichen Kräfte, die ihr von ihrem christlichen Hintergrund her vertraut waren. Sicher, hier benutzte man andere Begriffe und ging die ganze Sache aus einer völlig anderen Perspektive an. Im Grunde genommen lief es ihrer Meinung nach jedoch aufs gleiche hinaus. Ihre emotionalen Bedürfnisse, die sich nach dem Verlust des Glaubens meldeten, wurden auf diese Weise gestillt. Ihr neuer Glaube – sie wird ihn wohl kaum so nennen mögen – schaffte ihr auf intellektuellem und emotionalem Gebiet Befriedigung, die Arbeit im Labor für Parapsychologie ersetzte ihre missionarische Berufung."[27]

Smith liefert uns eine interessante Erklärung für den Sinneswandel dieser Frau. Seiner Ansicht nach kann man dafür sowohl ihr abnehmendes Interesse am christlichen Glauben als auch ihr wachsendes Vertrauen in die Parapsychologie und deren Methoden verantwortlich machen:

„Ihre Geschichte, so scheint mir, dient als Paradebeispiel für Millionen von Namenchristen in unseren

Tagen, die ihren Glauben dem Baal der Wissenschaft – und natürlich noch vielen anderen Götzen – geopfert haben. Man könne die Wissenschaft doch nicht einfach links liegen lassen, wo sie doch solche Erkenntnisse und Beweise erbracht hat, argumentieren sie meist.

Die Parapsychologie hat für diese Menschen insofern Bedeutung, als diese Disziplin sie im Gewand wissenschaftlicher Arbeitsweisen in die übernatürliche Welt (ent)führt, anstatt sie auf den Boden der Objektivität zu stellen."

Psychologen leugnen in der Regel nicht, daß auch im Okkulten ähnliche Phänomene auftreten wie in der Parapsychologie, stimmen aber keinesfalls mit der biblischen Interpretation überein, die beide Gebiete dem Reich der Dämonie zuordnet. Vielmehr stellt die Parapsychologie die biblische Sichtweise als unhaltbar hin.

In einer Studie zu diesem Thema stellen die Autoren die biblische Warnung vor Zauberern und spiritistischen Medien im 5. Buch Mose ernsthaft in Frage. Sie sind der Meinung, daß dieser Abschnitt nicht verbietet, mit der unsichtbaren Welt in Verbindung zu treten. Dieses Verbot, das sie als eine längst überholte Auslegung der Kirche betrachten, wird so entschärft und dazu verwendet, dem Paranormalen irgendeine biblische Begründung ‚unterzuschieben':

„Das sogenannte Verbot aus 5. Mose 18,9-12 wurde lange von furchtsamen und unwissenden Menschen benutzt, um der Erforschung des Übersinnlichen Steine in den Weg zu legen. In der Vergangenheit wurde Unschuldigen Zauberei, Hexerei und Besessenheit zur Last gelegt. Man bestrafte sie hart dafür. Andere, die von ihren übernatürlichen Kräften Gebrauch machten und glaubten, sie kämen unter den heiligen Bann, wurden zu Tode gefoltert.

Derartige Einstellungen gegenüber solchen Personen sind auch heute noch weit verbreitet. Denjenigen, die ihre übernatürlichen Gaben anwenden wollen, wird mit erhobenem Zeigefinger nahegelegt, dies zu unterlassen, weil ihnen sonst der Zorn Gottes drohe. Unterstützen Christen paranormale Forschungen, dann wird ihnen immer vorgehalten, daß sie gegen die Lehre der Bibel verstießen, und man verbietet ihnen, sich damit überhaupt zu beschäftigen."[28]

Auch wenn dieses dunkle Kapitel der Hexenverbrennungen in der Vergangenheit tatsächlich nicht zu leugnen ist, kann man dennoch nicht vorschnell das jahrhundertealte Verständnis dieser Bibelstelle als ‚exegetische Verirrung' abtun, wenn sowohl die Geschichte als auch die Ergebnisse anderer Bibelausleger für ihre Richtigkeit sprechen.

Außersinnliche Wahrnehmung (ASW)

Heute wendet man sich bevorzugt der ASW zu, was die Fähigkeit bezeichnet, ohne Hilfe der herkömmlichen Sinnesorgane wahrnehmen zu können. Lynn Walker erläutert:

„ASW ... heißt nichts anderes, als ohne Hilfe der Sinne wahrzunehmen. Dieser Ausdruck umfaßt außerdem noch die ‚ASW der Zukunft' (d. h. noch nicht eingetretene Ereignisse vorhersehen zu können), Telepathie (die Fähigkeit, die Gedanken anderer Personen lesen zu können) sowie Hellsehen (Gegenstände oder räumlich getrennte Vorgänge ohne Sinne wahrzunehmen)."[29]

ASW deckt nur eines der Hauptgebiete in der Parapsychologie ab, ein anderer Bereich ist der Erforschung übernatürlicher Phänomene gewidmet. Dieser Teilbereich wird folgendermaßen definiert:

„Systematische und wissenschaftliche Studien, die sich auf die Natur, die Gegebenheiten und die Ursachen übernatürlicher Phänomene erstrecken."[30]

An dieser Stelle sollte aber noch auf den Unterschied zwischen mentaler Telepathie und ASW hingewiesen werden. Diese Begriffe werden von Laien beliebig ausgetauscht, der Fachmann hingegen trennt hier sehr scharf: für ihn stellt mentale Telepathie einen Zweig der ASW dar. Ein gewaltiger Durchbruch wurde in der ASW-Forschung erzielt, als man mentale Telepathie und Hellsehen trennte. Bei der mentalen Telepathie prägt sich die Person Bilder, wie z. B. Symbole auf Spielkarten, ein und versucht, nach dem Mischen und Umdrehen der Karten mit Hilfe der ASW festzustellen, welches Symbol sich auf welcher Kartenunterseite befindet. Beim Hellsehen hingegen versucht die betreffende Person, Symbole von Karten zu beschreiben, ohne daß sie die Karte zuvor zu Gesicht bekommen hätte.[31] Die Trennung zwischen ASW und mentaler Telepathie setzte in der parapsychologischen Forschung neue Schwerpunkte. Die Forscher waren nun in der Lage, verfeinerte Versuchstechniken anzuwenden, den Rahmen ihrer Experimente schärfer abzugrenzen und genauere Aussagen darüber zu machen, ob es sich im einzelnen um Scharlatanerie oder um etwas Ernstzunehmendes handelt, was vom christlichen Standpunkt aus betrachtet als starker dämonischer Einfluß zu werten ist.

ASW in begrenztem Maße – akzeptabel oder nicht?

Dr. John Warwick Montgomery geht das Thema der ASW-Erfahrungen aus einem anderen Blickwinkel an als die überwiegende Mehrheit der christlichen Autoren.

Seiner Ansicht nach sollte man nicht von vornherein alle ASW-Erfahrungen über den gleichen Kamm scheren, ohne den einzelnen Fällen genügend nachgegangen zu sein. Aufgrund seiner Beobachtungen kam er zu dem Schluß, daß es eine Art von ASW-Kräften geben kann, die bei manchen Menschen in unterschiedlichen Stärken auftreten und nicht dämonischen Ursprungs sind.[32]

Ein anderer Autor, Lynn Walker, der Dr. Montgomery zitiert, befürwortet ebenfalls diesen neutralen Ansatz, der das bloße Anerkennen der Existenz solcher Kräfte nicht automatisch zum bewußten Dulden des Bösen stempelt.[33]

Wenn wir Dr. Montgomerys Standpunkt gelten lassen, ergäbe sich daraus der Schluß, daß Gott einen begrenzten Gebrauch dieser Fähigkeit (z. B. im persönlichen Bereich) zuläßt. Denken wir nur einmal an die Nuklearenergie: Ausschlaggebend ist hierbei doch der Zweck, wofür man sie verwendet, ob man sie für Kriegszwecke einsetzt oder ein Krankenhaus mit Strom versorgt.

Spürt ein Mensch plötzlich, daß jemandem aus seinem engsten Bekanntenkreis etwas Schlimmes zustößt, sich diese Person zu diesem Zeitpunkt jedoch in weiter Ferne aufhält und die beiden nachweislich länger nicht mehr in Verbindung miteinander standen und sich die Vorahnung bestätigt, handelt es sich hier um einen Fall, der sich am besten durch ASW erklären ließe. Der Gebrauch von ASW würde sich hier aber nur auf den persönlichen

Stammbaum der Parapsychologie

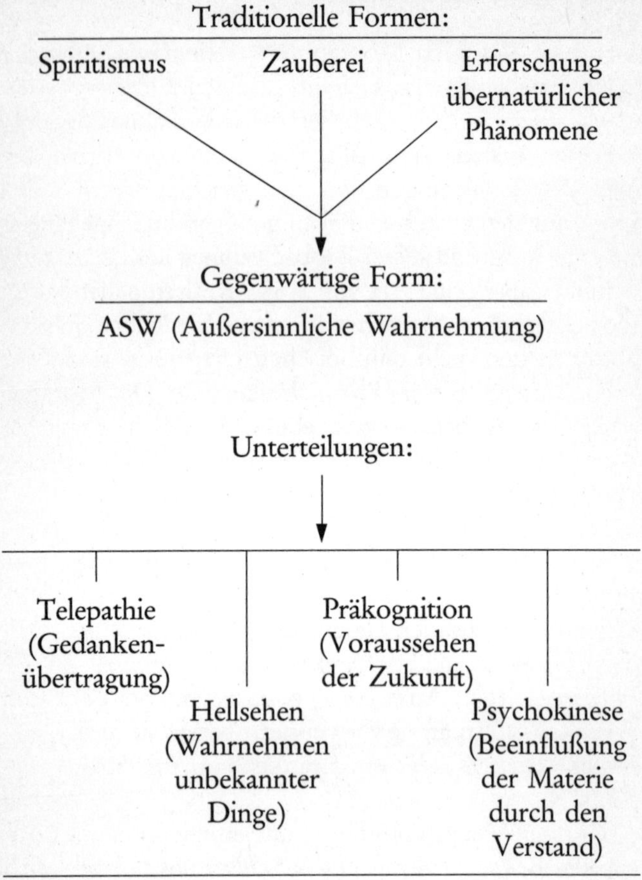

Bereich erstrecken. Ein solches Erlebnis erhebt den betreffenden Menschen noch nicht zum Propheten. Man darf aber nicht übersehen, daß Gott uns seine Gaben normalerweise dazu schenkt, daß wir sie reichlich gebrauchen. Angenommen, ASW sei ebenfalls eine Gabe

Gottes. Wie ist es dann zu erklären, daß sie nur in dem begrenzten persönlichen Rahmen zur Anwendung kommen darf? Lassen wir Dr. Montgomery in diesem Zusammenhang zu Wort kommen:

„Wir haben es hier offensichtlich mit einer seelischen Fähigkeit zu tun, die es einem Menschen erlaubt, den Vorhang, der sich zwischen Vergangenheit und Zukunft gesenkt hat, beiseite zu schieben ... Die Fähigkeit wird zum Fallstrick, wo der Träger – aus eigenem Ehrgeiz oder durch andere angestachelt – sich zum Seher erhebt, der das Wesen des Lebens und die Bedeutung des Universums erfaßt zu haben glaubt. Bei Mißbrauch würden nämlich Mechanismen, die die Seele vor bösen, außerirdischen Einflüssen schützen, außer Kraft gesetzt."[34]

Dr. Montgomery hat durch seine Forschungen auf diesem Gebiet wertvolle Arbeit geleistet, die einen tieferen Einblick und ein fundiertes Wissen erlaubt.

Lynn Walker faßt die heutige Situation mit seiner Feststellung, daß fast jede Form paranormaler Aktivitäten in keinerlei Bezug zur Bibel steht, äußerst treffend zusammen:

„Und genau dies ist der Fall, wenn der Mensch durch direkten Einfluß satanischer Kräfte besondere Gaben oder Fähigkeiten von Gott dazu mißbraucht, geistliche Irrtümer in die Welt zu setzen (Kol. 2,8-10; 2. Kor. 11,3), die Werke des Fleisches zu fördern (Gal. 5,19f.), sich als Gabenträger auf ein Podest zu stellen (Kol. 2,18; 2. Kor. 10,18), den Gott der Bibel zu verleugnen (2. Petr. 2,1) und von Gott gesetzte Grenzen absichtlich zu überschreiten (5. Mo. 29,28).

Sogenannte Prophezeiungen in ihren vielfältigsten Ausführungen und alle heutigen ‚Offenbarungen', die den Anspruch auf göttliche Inspiration erheben, kommen aus dem anderen Lager."[35]

Zusammenfassend kann man sagen, daß wir mit der Parapsychologie nicht herumexperimentieren sollen. Sie bringt uns Gott nicht näher, sondern macht uns zum Freiwild der Macht der Finsternis.

Lynn Walker geht in dem eben zitierten Buch auf dieses zweischneidige Schwert näher ein:

„Wenn Satan nicht den Menschen mit seinen Talenten geschaffen hat, so muß es Gott gewesen sein. Das läßt den Schluß zu, daß ASW ebenfalls dem Schöpferplan Gottes entspringt. So wie die Musikalität von Mensch zu Mensch variiert, so auch die Gabe der ASW . . . Akzeptiert man sie als Gabe, bedeutet das deswegen noch lange nicht, daß man das Böse allgemein gutheißt. Die Gefahr zum Mißbrauch liegt jedoch sehr nahe.“[36]

5. Satan und Satanskult

Über Satan – oder den Teufel – werden schon seit hunderten von Jahren unzählige Bücher verfaßt und endlose Diskussionen geführt. Einige leugnen seine Existenz und verbannen ihn in die Mythologie; andere hingegen scheinen von ihm so fasziniert zu sein, daß sie ihm auf Schritt und Tritt zu begegnen glauben.

Der Teufel ist eine Realität

Der Teufel entspringt nicht nur reger menschlicher Phantasie und symbolisiert nicht lediglich das Böse – nein, er existiert als wirkliche Person! Er wurde geschaffen und treibt jetzt sein Unwesen. Am Ende wird er von Gott gerichtet werden. Gibt es Beweise für seine Existenz?

Da wir die Bibel als übernatürliche Offenbarung des wahren und lebendigen Gottes betrachten, die in keinem Punkt irrt, können wir sie zu Rate ziehen, um herauszufinden, was sie in bezug auf Satan und seine Pläne zu sagen hat.

Als der Evangelist Billy Sunday einmal gefragt wurde, weshalb er an die Existenz Satans glaube, antwortete er: „Aus zwei Gründen: Erstens steht es in der Bibel, und zweitens habe ich sehr viel mit ihm zu tun."

Die ‚Karriere' Satans

Der Beginn von Satans Karriere reicht weit in die Vergangenheit zurück, als Gott sich Myriaden von Engeln zu seinen Dienern schuf. Über dieses Heer wurde der Wächter an Gottes Thron gesetzt, der Luzifer hieß.

Luzifer

Mehr über Luzifer erfahren wir in Hesekiel 28,11-19, wo Gott den Fürsten von Tyrus wegen seiner Eitelkeit tadelt, da sich dieser auf seinen Reichtum verläßt und sich selbst für Gott hält. In demselben Abschnitt wird auf den wahren ‚Drahtzieher im Hintergrund' hingewiesen. Gemeint ist damit der König von Tyrus, der die Menschen zu einem solchen Tun anstachelt.

„Und des Herrn Wort geschah zu mir: Du Menschenkind, stimm ein Klagelied an über den König von Tyrus und sprich zu ihm: So spricht Gott der Herr: Du warst das Abbild der Vollkommenheit, voller Weisheit und über die Maßen schön. In Eden warst du, im Garten Gottes, geschmückt mit Edelsteinen jeder Art ... Am Tag, als du geschaffen wurdest, wurden sie bereitet. Du warst ein glänzender, schimender Cherub, und auf den heiligen Berg hatte ich dich gesetzt, ein Gott warst du und wandeltest inmitten der feurigen Steine. Du warst ohne Tadel in deinem Tun von dem Tage an, als du geschaffen wurdest, bis an dir Missetat gefunden wurde" (Hes. 28,11-15).

Mit dem ‚König von Tyrus' ist an dieser Stelle Luzifer gemeint, der einst als Wesen vollendeter Schönheit und Weisheit Vollkommenheit in all seinem Handeln an den Tag legte und als Krönung der himmlischen Wesen den höchsten Rang nach Gott einnahm.

Wie die anderen Engel lebte Luzifer ohne Rebellion in völligem Einklang mit seinem Schöpfer, dessen Wille das gesamte Universum erfüllte. Es war Schönheit und Harmonie in perfektester Form.

Der Fall Luzifers

Das endete mit einem Schlag, als Luzifer beschloß, sich gegen Gott aufzulehnen. Jesaja berichtet:

„Wie bist du vom Himmel gefallen, du schöner Morgenstern! Wie wurdest du zu Boden geschlagen, der du alle Völker niederschlugst! Du aber gedachtest in deinem Herzen: ‚Ich will in den Himmel steigen und meinen Thron über die Sterne Gottes erhöhen, ich will mich setzen auf den Berg der Versammlung im fernsten Norden. Ich will auffahren über die hohen Wolken und gleich sein dem Allerhöchsten'" (Jes. 14,12-14).

Von Luzifer zu Satan

Die Sünde Satans bestand darin, daß er rebellierte. Er sagte nämlich fünfmal in seinem Herzen: „Ich will":

Ich will in den Himmel steigen.
Ich will meinen Thron über die Sterne Gottes erhöhen.
Ich will mich setzen auf den Berg der Versammlung.
Ich will auffahren über die hohen Wolken.
Ich will gleich sein dem Allerhöchsten.

Luzifer verlor seine frühere Stellung als Engel des Lichts und wurde zu Satan, da er einen anderen Willen ins Universum brachte, der sich Gottes Befehlen widersetzte. Durch diese Dissonanz zerstörte er den bestehenden Frieden in der Schöpfung. Da viele andere Engel mit Satan versuchten, den Allerhöchsten vom Thron zu stoßen, wurden auch sie aus der Gegenwart Gottes verbannt und fielen in Ungnade.

Auf die häufig gestellte Frage, weshalb Gott den Teufel erschuf, muß man folglich erwidern, daß er nicht Satan, sondern Luzifer ins Sein rief, ihn mit Schönheit und Weisheit ausstattete und ihm einen freien Willen schenkte, der ihm das Handeln nach eigenem Ermessen (bis zu einem gewissen Grad) ermöglichte.

Als Luzifer sich zum Mißbrauch dieser Freiheit entschied und sie gegen Gott einsetzte, war sein Schicksal als Gegenspieler Gottes besiegelt. Gott hatte solches nicht in seinem Plan beschlossen. Luzifer handelte gegen seine Bestimmung und wurde dadurch zum Feind Gottes und dessen Reich.

Die Erschaffung des Universums

Nach dem Fall der Engelwelt erschuf Gott das Universum, so wie wir es heute kennen. Was Gott davor bereits ins Sein gerufen hatte, erfahren wir nicht, so daß alle Theorien darüber nur auf Spekulationen beruhen können. Die Bibel sagt: „Am Anfang schuf Gott Himmel und Erde" (1.Mo. 1,1). Hier wird uns Gottes schöpferisches Handeln vor Augen geführt, das seinen Höhepunkt in der Erschaffung des Menschen erreicht.

Die Erschaffung des Menschen

Die Bibel spricht ganz klar davon, daß Gott sich den Menschen nach seinem Bild erschuf:

„Und Gott sprach: Lasset uns Menschen machen, ein Bild, das uns gleich sei, die da herrschen über die Fische im Meer und über die Vögel unter dem Himmel und über das Vieh und über alle Tiere des Feldes und über alles Gewürm, das auf Erden kriecht. Und Gott schuf den Menschen zu seinem Bilde, zum Bilde Gottes schuf er ihn; und schuf sie als Mann und Weib" (1.Mo. 1,26-27).

Der Mensch als Krone der Schöpfung wurde in eine intakte und ihm freundlich gesinnte Umwelt hineingestellt. Er lebte mit Gott, der Natur, seinen Mitmenschen und sich selbst in bestem Einvernehmen.

Der Sündenfall

Mit Eifersucht blickte Satan auf diese besondere Beziehung zwischen Gott und seinem Ebenbild. In 1. Mose 3 wird uns berichtet, was geschah, als Satan im Garten Eden Adam und Eva in Gestalt einer Schlange gegenübertrat:

„Aber die Schlange war listiger als alle Tiere auf dem Felde, die Gott der Herr gemacht hatte, und sprach zu dem Weibe: Ja, sollte Gott gesagt haben: ihr sollt nicht essen von allen Bäumen im Garten? Da sprach das Weib zu der Schlange: Wir essen von den Früchten der Bäume im Garten; aber von den Früchten des Baumes mitten im Garten hat Gott gesagt: Esset nicht davon, rühret sie auch nicht an, daß ihr nicht sterbet! Da sprach die Schlange zum Weibe: Ihr werdet keineswegs des Todes sterben, sondern Gott weiß: an dem Tage, da ihr davon esset, werden eure Augen aufgetan, und ihr werdet sein wie Gott und wissen, was gut und böse ist“ (1. Mo. 3,1-5).

Der Bruch in der Gemeinschaft zwischen Gott und dem Menschen kam dadurch zustande, daß der Mensch der Versuchung durch Satan nachgab.

Nach dem Sündenfall

Seit dem Sündenfall im Garten Eden stehen Gott und Satan in einem Kampf, der sich auf das Universum ausgeweitet hat. Beiden geht es in allererster Linie um die Bewohner der Erde. Gott versucht, die Menschheit wieder in die ursprüngliche Gemeinschaft mit ihm zu bringen, während Satan alles daransetzt, dies zu verhindern.

„Ist nun aber unser Evangelium verdeckt, so ist's denen verdeckt, die verloren werden, den Ungläubigen, denen der Gott dieser Welt den Sinn verblendet hat, daß sie nicht sehen das helle Licht des Evangeliums von der Herrlichkeit Christi, welcher ist das Ebenbild Gottes" (2.Kor. 4,3-4).

Satan wird hier der Gott dieser Welt genannt, der den Sinn der Ungläubigen verblendet hat, um ihnen den Weg zu Jesus zu verwehren. Dies hat er sich zur Hauptaufgabe gemacht.

Wie die Bibel Satan bezeichnet

Jeder der nachfolgenden Titel Satans sagt etwas über seinen Charakter und seine Vorgehensweisen aus.

1. Teufel (Joh. 8,44) kommt aus dem Griechischen und bedeutet soviel wie ‚Verkläger und Verleumder'. Er möchte durch seine falschen Anklagen einen Keil zwischen Gott und Mensch sowie zwischen Mensch und Mensch treiben, in der Absicht, damit möglichst viel Schaden anzurichten.

2. Satan (Mt. 12,26), ein hebräisches Wort, das mit ‚Gegner oder Gegenspieler' wiedergegeben werden kann. Es weist ihn als Herrscher über das Reich der Finsternis aus, das ständig mit dem Reich Gottes im Krieg liegt.

3. Versucher (Mt. 4,3) zeigt eine weitere Taktik Satans auf. Mit Anklagen begnügt er sich nicht, er versucht, die Menschen vielmehr zur Sünde zu verleiten, weil er selbst der größte Sünder ist.

4. Vater der Lüge (Joh. 8,44) deutet auf eine andere List des Teufels hin. Er macht reichlichen Gebrauch von der Lüge und hat somit diesen Titel zu Recht verdient.

5. Herr des Todes (Hebr. 2,14) stellt seine Macht über den Tod heraus, die ihm zuteil wurde, da er die gefallene Menschheit immer noch anklagen kann.

6. Beelzebul (Mk. 3,22-23; andere Übersetzungen: Beelzebub) wird als Bezeichnung für den Feind verwendet, die für ‚Herr des Misthaufens' oder ‚Herr der Fliegen' steht.

7. Beliar (2.Kor. 6,15; andere Übersetzungen: Belial) konnte ursprünglich jeder boshafte Mensch genannt werden. Die Bedeutung dieses Wortes (‚wertlos') charakterisiert hier den Feind, der alles Wertlose verkörpert.

8. Der Böse (1.Joh. 2,13). Die ganze Bibel spricht direkt oder indirekt von Satan als dem ‚Bösen'.

9. Fürst dieser Welt (Joh. 14,30). Da die ‚Welt' nach Aussage der Bibel die gefallene Menschheit repräsentiert, wird dem Feind als dem Urheber der Rebellion gegen Gott dieser Titel verliehen.

10. Mächtiger, der in der Luft herrscht (Eph. 2,1-2). Die Macht des Feindes in unserem Zeitalter erstreckt sich nicht nur auf den Erdboden, sondern auch auf den Luftraum.[37]

Satans Strategie

Eine der Absichten, die Satan verfolgt, besteht darin, die Welt davon zu überzeugen, daß es ihn nicht gibt. Denis de Rougemont merkt hierzu an:

„Satan versteckt sich hinter seinem eigenen Image. Er wählt zu diesem Zweck ein groteskes Äußeres, das ihn mit Sicherheit in den Augen der ‚Gebildeten' harmlos erscheinen läßt. Wenn also der Teufel lediglich als ein roter Dämon mit einem Dreizack in der Hand oder als ein spitzbärtiger Waldgeist mit Hörnern und Bocksfüßen in der menschlichen Phantasie herumgeistert, wer macht sich dann noch die Mühe, an ihn zu glauben oder gar zu behaupten, daß er nicht an ihn glaube? ... Das Unfaßbarste hierbei scheint nicht einmal die Existenz eines Teufels oder der unsichtbaren Welt zu sein, sondern die Naivität und Leichtgläubigkeit der Skeptiker sowie der unverzeihliche Trugschluß, dem sie scharenweise zum Opfer fallen: ‚Der Teufel ist etwas mit zwei Hörnern, folglich glaube ich nicht an ihn.' Und damit hat der Feind gewonnen."[38]

In *Dienstanweisung für einen Unterteufel*, einer Fiktion des bekannten christlichen Philosophen C. S. Lewis, wird beschrieben, wie ein Dämon sich seinen Lehrling heranzieht: „Unsere momentane Taktik ist die, uns verborgen zu halten. Natürlich war das nicht immer so. Wir stehen in Wirklichkeit vor einem grausamen Dilemma. Glauben die Menschen nämlich nicht an unsere Existenz, so verlieren wir alle jene angenehmen Resultate direkter Schreckensherrschaft und gewinnen keine Adepten der Schwarzen Magie. Glauben die Menschen jedoch an uns, so können wir sie nicht zu Materialisten und Zweiflern machen. ... Die Tatsache, daß die ‚*Teufel*' in der Vorstellung der modernen Menschen *lächerliche* Figuren sind, wird Dir sehr nützlich sein. Sollte sich je die leiseste Vermutung über Deine Existenz im Herzen Deines Patienten regen, dann zeige ihm im Geist das Bild von etwas in enganliegendem roten Anzug, überzeuge ihn davon, daß sintemal er an diese Wesen nicht glauben kann, er ganz einfach auch nicht an Deine Existenz glauben kann."[39]

Satan wird jede in seiner Macht stehende Taktik anwenden, um Menschen von Gott abzuhalten. Wenn jemand in seinem Leben viele Fehler und Sünden begangen hat und ihn deswegen große Selbstvorwürfe quälen, schlägt Satan in dieselbe Kerbe, so daß der Betreffende am Ende gar keinen Mut mehr findet, zu Gott zu kommen.

Die Bibel lehrt aber im Gegensatz dazu, daß jeder, welche Vergangenheit ihn auch belastet, zu Jesus kommen und bei ihm Vergebung empfangen kann: „Kommt her zu mir alle, die ihr mühselig und beladen seid; ich will euch erquicken" (Mt. 11,28). Hier finden wir den Beweis, daß alle, die sich Jesus nahen, Vergebung erlangen.

Es gibt aber noch einen anderen Menschentyp, der im gleichen Maße von Satan überlistet wird, und dessen Problem genau in entgegengesetzter Richtung liegt: die Selbstgerechten. In ihren Augen haben sie die Vergebung nicht nötig, da sie ja keiner größeren Vergehen beschuldigt werden können. Diese Menschen werden erhobenen Hauptes, mit dem Orden ihrer guten Taten und ihrer Selbstgerechtigkeit behängt, vor den Richterstuhl treten mit der festen Überzeugung, daß Gott sie annehmen wird. Die Bibel vertritt hierzu einen ganz anderen Standpunkt: „Sie sind allesamt Sünder und ermangeln des Ruhmes, den sie bei Gott haben sollten", und: „Denn der Sünde Sold ist der Tod; die Gabe Gottes aber ist das ewige Leben in Christus Jesus, unserm Herrn" (Röm. 3,23; 6,23).

Satans Schicksal

Satans Tage sind gezählt. Gott hat in seinem Wort versprochen, daß auf Luzifer und seine Diener eine ewige Verdammnis als Strafe für die Verbrechen wartet, die sie an Gott und der Menschheit begangen haben.

„Dann wird er auch sagen zu denen zur Linken: Geht weg von mir, ihr Verfluchten, in das ewige Feuer, das bereitet ist dem Teufel und seinen Engeln" (Mt. 25,41).

„Und der Teufel, der sie vefführte, wurde geworfen in den Pfuhl von Feuer und Schwefel, wo auch das Tier und der falsche Prophet waren; und sie werden gequält werden Tag und Nacht, von Ewigkeit zu Ewigkeit" (Offb. 20,10).

Zu diesem Zeitpunkt wird Satan ein für allemal aus Gottes Gegenwart verbannt und wird niemals wieder auch nur einem Menschen Leid zufügen können. Seine ewige Trennung von Gott und sein Gerichtsurteil stellen den ‚Höhepunkt' seines unrühmlichen Abstiegs als Fürst der Finsternis dar.

C. Fred Dickason kommentiert Satans Ende wie folgt:

„Der Herr Jesus, Schöpfer und souveräner Herrscher, wird alle Geschöpfe, auch die gefallenen Engel, richten (Joh. 5,22). Er brachte Satan und seinen Dienern schon während seiner Zeit hier auf Erden schwere Niederlagen bei, als er in dessen Hoheitsgebiet eindrang und Dämonen aus Besessenen austrieb (Mt. 12,28-29). Sein endgültiger Sieg über den Feind wurde bereits eingeläutet, als seine Jünger mit der Nachricht zurückkamen, daß ihnen nun auch die bösen Geister untertan seien (Mt. 10,1).

Durch seinen Tod und seine Auferstehung besiegelte Jesus endgültig das Schicksal des Teufels und seiner Diener. Das Kreuz unterstreicht aufs grausamste Gottes Haß gegen das Böse und sein Urteil über die Sünde. Der eine Gerechte hatte sein Leben zu lassen, wenn den Ungerechten vergeben werden sollte (1. Petr. 3,18).“[40]

Wie sollte unsere Haltung Satan gegenüber aussehen?

Die Bibel rät uns immer wieder, die richtige Haltung Satan gegenüber einzunehmen, um seine Angriffe wirksam abwehren zu können. Daher bitten wir Sie, folgende Anweisungen sorgfältig zu beachten:

1. Vergessen Sie nie, daß er existiert

Die Bibel lehrt, daß Satan zwar existiert, aber daß er versucht, dies vor der Welt zu verbergen. Wie wir bereits gesehen haben, setzt er alles daran, die Menschen glauben zu machen, er sei lediglich ein Symbol für das Böse. Er zieht es vor, in den Augen der Menschen als ‚Engel des Lichts' oder gar als ein kleiner lustiger Wicht mit einem roten Jäckchen und einer Mistgabel in der Hand dazustehen, anstatt als die personifizierte Gefahr, das Böse oder als Feind, über den Gott bereits das Urteil gesprochen hat.

2. Halten Sie sich seine Motive vor Augen

Satan hat es immer noch nicht aufgegeben, dem Allerhöchsten seine Position streitig zu machen. Er verlangt Verehrung. Er verlangt bedingungslose Treue. Er verlangt Sklavendienste von Menschen, die eigentlich ihrem Schöpfer dienen sollten. Er bemüht sich, alle Welt von seiner weißen Weste zu überzeugen und Gott den Schwarzen Peter zuzuschieben. Die Art von Anbetung, die er fordert, ist in keinster Weise mit der Anbetung des allmächtigen und gütigen Gottes vergleichbar, zu dem man eine lebendige Kind-Vater-Beziehung bekommen kann.

3. Nehmen Sie sich vor seinen Taktiken in acht

Satan als der ,Vater der Lüge' hat sich seit dem Paradies nicht verändert. Die Bibel charakterisiert ihn folgendermaßen:

„Der ist ein Mörder von Anfang an und steht nicht in der Wahrheit; denn die Wahrheit ist nicht in ihm. Wenn er Lügen redet, so spricht er aus dem Eigenen; denn er ist ein Lügner und der Vater der Lüge" (Joh. 8,44).

Sein beliebtester Trick besteht darin, den Menschen ein Gefühl der Sinnerfüllung ohne Jesus zu vermitteln. Wenn jemand Gott nicht benötigt, wird er sich auch nicht für ihn interessieren. Daher manipuliert der Feind die Gefühle der Menschen so, daß sie Jesus nicht vermissen.

Satan bedient sich noch einer anderen äußerst wirksamen Methode, und zwar des ,Nachäffens'. Wo immer Gott in der Geschichte eine Kirche baute, setzte der Teufel seine Kapelle daneben. Satan reibt sich die Hände, wenn der religiös Angehauchte sich durch seine Kirchgänge in der Sicherheit wiegt, daß zwischen Gott und ihm alles in bester Ordnung ist. Selbst wenn ein Mensch an eine Religion glaubt, ohne Jesus als seinen Herrn und Heiland angenommen zu haben, geht er verloren. Der fromme Mensch, der auf seine eigenen Werke vertraut, kann uns als warnendes Beispiel satanischer Verführungstaktiken dienen, denn Gott drückte sich hinsichtlich unseres Verhältnisses zu ihm unmißverständlich aus: nur über das Kreuz, das den Tod Jesu für unsere Sünden darstellt, führt der Weg zu Gott. Der gefallene Mensch hat mit der vollen Zustimmung und Unterstützung Satans eine bunte Palette an religiösen Aktivitäten geschaffen, die zur Erlangung von Gottes Gunst dienen sollen, ohne sich ihm jedoch unterordnen zu müssen. Satan hat es noch niemals verschmäht, wenn die Menschen vor dem goldenen Kalb ihrer Frömmigkeit niederknien, anstatt sich vor Jesus zu beugen.

4. Satan hat seine Grenzen

Durch Attrappen verschiedenster Natur versucht Satan, sich mächtiger zu gebärden, als er es in Wirklichkeit ist, um den Menschen Ehrfurcht einzuflößen. Davon werden viele Menschen hinters Licht geführt und halten ihn für ein Wesen, daß Gott nur um sehr weniges nachsteht. Was könnte weiter von der Wahrheit entfernt liegen als eine solche fehlgeleitete Auffassung!

Gott ist unendlich – Satan nicht.

Gott ist allgegenwärtig – Satan nicht.

Gott ist allmächtig – Satan nicht.

Gott ist allwissend und kann unsere Gedanken lesen – Satan nicht.

Satan besitzt den Ehrgeiz, bei den Menschen das gleiche Maß an ‚Ansehen' zu genießen wie Gott. Das ist ihm teilweise schon gelungen, denkt man an die vielen Gläubigen, die Satan hinter allem vermuten und ihm dadurch mehr Aufmerksamkeit schenken, als angebracht wäre.

Basil Jackson drückt es treffend aus:

„Ich glaube, in unserer heutigen Zeit eine ungesunde Faszination an der Dämonologie feststellen zu können, die viele unserer christlichen Freunde in Dämonenfanatiker verwandelt hat. Hinter jedem Strauch vermuten sie einen Dämonen, sprechen von dem Tabak-, Alkohol- und dem Asthmadämon. Bei den meisten Fällen, die derartige Leute als Besessenheit erkennen, sind psychische Schäden mit im Spiel. Diese Beobachtung steht aber im Widerspruch zu den Berichten der einzig zuverlässigen

Quelle über Dämonie, nämlich den Evangelien, wo zumindest bei der Hälfte der betroffenen Menschen keine Krankheitsbilder auf dem psychischen, sondern auf dem physischen Gebiet vorliegen."[41]

Wir müssen uns immer wieder ins Bewußtsein rufen, daß Satan nicht alles vermag. Jesus hat ihn durch seinen Tod am Kreuz besiegt und die Macht der Sünde über uns gebrochen. Wir sollten zwar die Stärke unseres Feindes nicht unterschätzen, uns aber auch nicht von der Angst vor ihm tyrannisieren lassen, daß er in wiedergeborene Christen fahren und sie zwingen kann, Dinge gegen ihren Willen zu tun. Gottes Kraft übersteigt die des Teufels bei weitem, doch der Betrüger möchte uns diesbezüglich ständig Zweifel in unsere Herzen säen. Halten wir uns daher die Grenzen Satans und die grenzenlose Macht unseres Gottes vor Augen!

Satanskult

Die Satansanbetung spielte in der Geschichte der Menschheit schon immer eine bedeutende Rolle und fand bzw. findet in den unterschiedlichsten Formen wie zum Beispiel schwarzer Magie, schwarzen Messen, Menschen- und Tieropfern sowie in Teilen der Drogenszene ihren Ausdruck.

Roberta Blankenship schildert ein Einführungsritual, das ihr zwei Satanistinnen zukommen ließen:

„Sie mußten sich in stockdunkler Nacht auf den Friedhof begeben, über ein Kreuz in Menschengröße gehen und jeglichem Glauben an Jesus Christus absagen. Danach wurde ein Ritus zelebriert, bei dem diese beiden Mädchen das Blut von Tieren trinken mußten, die man lebendig gehäutet hatte."[42]

Lynn Walker berichtet:

„Im April 1973 wurde der übel zugerichtete, verstümmelte Körper von Ross ‚Mike' Cochran am Rande von Daytona Beach in Florida tot aufgefunden. Die Zeitung schrieb dazu: ‚Die Polizei nimmt stark an, daß Cochran Teufelsanbetern zum Opfer fiel. Er wurde in einer ausgearteten Opferungszeremonie umgebracht.' Lynn McMillon, Professor am Oklahoma Christian College, erläutert: ‚... Eine Richtung der Satansanbetung ist in Sex-Clubs zu finden, die das Niveau ihrer Orgien durch satanische Rituale zu heben versuchen. Viele andere Satanisten wiederum gehören der Drogenszene an.'"[43]

Der traditionelle Satanskult

Traditioneller Satanskult unterscheidet sich in vielen Punkten von der modernen Variante. Früher schlossen sich Satanisten in Geheimbünden zusammen, wo der antigöttliche und antireligiöse Aspekt besonders betont wurde, auch wenn man sich den Luzifer der Bibel als Gott wählte. Rituale und schwarze Magie stellen einen integralen Bestandteil der früheren Form der Satansanbetung dar, weil hier ein personaler und mächtiger Teufel verehrt wurde. In *The Occult Sourcebook* heißt es:

„Ursprünglich wurde Satanismus im weiteren Sinne als die Anbetung des Bösen verstanden, als eine Religion, die sich auf Prinzipien gründet, die das Christentum ablehnt. Folglich tritt diese Form von Satanskult nur im Zusammenhang mit dem Christentum auf und kann auch nur im Umfeld der christlichen Weltanschauung verstanden werden. Man stellt sozusagen die Wertmaßstäbe auf den Kopf – der Teufel der Christen wird im anderen Lager zum Gott erhoben, die christlichen

Tugenden werden zu Lastern und umgekehrt. Man betrachtet das Leben als ununterbrochenen Kampf zwischen Licht und Finsternis, in dem der Satanist siegessicher auf der Seite der Finsternis kämpft."[44]

Wahrer Hexenkult läßt sich eigentlich nur dieser Kategorie zuordnen, wo Hexen in die grausamsten Auswüchse des Bösen verstrickt sind und ihre Macht am wirkungsvollsten einsetzen. Auch die Wellen der Drogensucht und sexueller Perversion können in diesem Bereich der Satansanbetung gefunden werden.

Moderner Satanskult

Auch wenn der traditionelle Satanskult nur wenig an Einfluß eingebüßt hat, trat mit der zunehmenden Säkularisierung unserer Gesellschaft und dem Niedergang der jüdisch-christlichen Moral eine neue, humanistische Ausformung der Satansverehrung auf die Bildfläche, die über eine nicht geringe Anhängerschar verfügt. Die *Church of Satan*, die Kirche Satans, verdeutlicht diese Schwerpunktverlagerung wohl am besten.

„Vor einiger Zeit kamen verschiedene Gruppierungen in England, Europa und vor allem in Amerika zum Vorschein, die auf dem Nährboden der permissiven Gesellschaft [= Gesellschaft, die auf Freizügigkeit und nicht auf Autorität und Leistung beruht; Anm. d. Übers.] fleißig die Werbetrommel für diese Form von Satanismus rührten. Das wohl bekannteste Beispiel hierfür dürfte die *Church of Satan* sein, die Anton La Vey 1966 in San Franzisko gründete und die mittlerweile viele tausend Mitglieder verzeichnen kann. Als Institution fand sie in den USA bereits weite Verbreitung.

Verschiedene andere Gruppen eiferten ihr nach, manche etablierten sich als Hexenzirkel der ‚schwarzen Zauberei'. Die Manson-Bande, die eine seltsame Mischung von Satansanbetung und okkulten Handlungen praktiziert, wurde durch die amerikanische Presse weithin bekannt. Die Öffentlichkeit begann, sich verstärkt dafür zu interessieren. Mit der Verwässerung der traditionellen Moralvorstellungen gewinnt die Satansanbetung zunehmend die Oberhand."[45]

William Petersen beschäftigte sich mit der Beobachtung, daß seit Mitte der sechziger Jahre der Satanskult ein unglaubliches Comeback feiert. Er verweist besonders auf den Kinoschlager *Rosemaries Baby*, der seinen Teil zu dieser Zeiterscheinung beitrug. Petersen schreibt:

„Anton Szandor La Vey, selbsternannter Hoherpriester von San Franziskos erster *Church of Satan* und Verfasser der *Satanic Bible*, spielte in diesem Film die Rolle des Teufels. Im nachhinein bezeichnete er *Rosemaries Baby* als die ‚bestbezahlte Werbung für den Satanskult seit der Inquisition'. Und dieser Beschreibung wurde der Film in jeder Hinsicht gerecht."[46]

Vertreter aller Altersklassen, Berufsgruppen und Bildungsniveaus begeben sich heute in die Klauen des Satankultes.

Die Kirche Satans (Church of Satan)

Die Kirche Satans, ein Begriff, der für unsere Ohren wie ein Widerspruch in sich klingt, wurde 1966 von Anton Szandor La Vey in San Franzisko gegründet. Diese Kirche legt den Schwerpunkt auf Materialismus und Hedonismus. Da Satan von ihren Anhängern weniger als eine Person und eher als Symbol verstanden wird, unterscheidet sie sich besonders in diesem Punkt von der Lehre anderer Satanskirchen.

La Vey, in dessen Adern russisches, elsässisches und rumänisches Blut fließt, befaßte sich eingehend mit dem Okkultismus, während er in einem Zirkus, in Nachtclubs und als Polizei-Photograph arbeitete. Seine Kirche soll seinen Aussagen zufolge „... ein Tempel sein, wo die Menschen nach Herzenslust allen nur erdenklichen Lastern frönen können. ... Ihr Hauptziel jedoch besteht darin, eine Gruppe von Gleichgesinnten zusammenzubringen, deren Energie man dann in gebündelter Form zum Anrufen der finsteren Kraft der Natur, Satan, nutzen kann."[47]

La Veys Definition von Satanismus lautet:

„Es handelt sich hierbei um eine Religion, die durch Egoismus und Brutalität gekennzeichnet ist. Sie gründet sich auf den Glauben, daß der Mensch von Natur aus einen egoistischen und brutalen Charakter besitzt, daß das Leben – wie Darwin meinte – aus einem einzigen Daseinskampf besteht, der ausschließlich dem Stärkeren das Überleben ermöglicht. Die Erde wird von denen beherrscht, die hart darum kämpfen."[48]

La Vey steht einer Kirche vor, die jegliche Form sexueller Betätigung zur Lustbefriedigung unterstützt, ganz gleich, ob es sich dabei um Heterosexualität, Homosexualität, Unzucht oder Ehebruch handelt.

Alle Mitglieder müssen die nachstehenden Punkte unterschreiben:

Satan heißt:

1. Lustbefriedigung
2. Realität
3. Unendliche Weisheit
4. Freundlichkeit gegenüber denen, die sie verdienen
5. Rache

6. Verantwortung nur für Verantwortliche
7. Die Bestie im Menschen
8. Alle sogenannten Sünden
9. Der allerbeste Freund der Kirche, da er ihr bisher so viel Erfolg bescherte.

Die Kirche Satans, die Materialismus und antichristliches Gedankengut ins Zentrum rückt, könnte die von ihr vertretene Lebensphilosophie kurz und prägnant mit ‚Jagd nach dem Glück' zusammenfassen. Was die Welt durch den Teufel zu bieten hat, wird in vollen Zügen ausgekostet.

6. Magie, Zauberei und Hexen

Zauberei, auch unter dem Namen ‚die alte Religion' bekannt, beinhaltet uralte okkulte Praktiken, die bis in die Entstehungszeit der Bibel zurückreichen, und kann als Ausübung von magischen Künsten (für nichtbiblische Zwecke), die Gott verboten hat, definiert werden. Das englische Wort für Zauberei, *witchcraft*, ist von dem altenglischen *wiccian* abgeleitet, das übersetzt soviel wie ‚Ausübung magischer Künste' bedeutet.

Im Mittelalter, wo jeder von der Existenz des Übernatürlichen überzeugt war und der Aberglaube in voller Blüte stand, lebte besonders die Magie wieder auf. Wollte jemand einem Hexenzirkel beitreten, mußte er eine Probezeit bestehen, in der es galt, sich viele komplizierte und weniger komplizierte Künste anzueignen. In der Hauptsache jedoch waren zwei Bedingungen zu erfüllen: Erstens mußte das zukünftige Mitglied aus freiem Willen beitreten, und zweitens mußte es die Bereitschaft mitbringen, dem Teufel zu huldigen.

Hexen sind gewöhnlich in Hexenzirkeln (*covens*) zusammengefaßt. „*Covens*, das bereits vor ungefähr 500 Jahren in den englischen Wortschatz übernommen wurde, leitet sich von *convent* (Kloster) ab und bedeutet im allgemeinen eine Versammlung von Menschen. Im speziellen Fall aber wird dieser Begriff für die Organisationsform der Hexen verwendet."[49]

Hexenverfolgungen

Eines der dunkelsten Kapitel europäischer und amerikanischer Geschichte wurde zur Zeit der Hexenverfolgungen geschrieben. Obwohl bereits vereinzelt im 12. Jahrhundert Hexen verfolgt wurden, setzte die Flut von Inquisitionen erst richtig gegen Ende des 15. Jahrhunderts ein, als zwei entscheidende Ereignisse stattfanden.

Das erste war die Bulle von Papst Innozenz VIII. am 5. Dezember 1484, in der er die Erlaubnis erteilte, gegen Personen, die man der Zauberei verdächtigte, vorzugehen. Überall, wo die Bulle bekannt wurde, übertrug sie den für die Bestrafung der Hexen verantwortlichen Männern, den Inquisitoren, eine ungeheure Machtfülle.

Wer fiel unter die Kategorie ‚Hexe'? William West, ein Zeitgenosse Elisabeths I., charakterisierte sie wie folgt:

„Diejenige sei eine Hexe zu nennen, die durch die Überredungskünste, Inspiration und Lügenworte des Teufels einen Pakt mit ihm schloß und glaubt, sie vermöge von nun an durch ihre Gedanken oder Verwünschungen allerlei Übles herbeiführen, wie beispielsweise die Luft durch Blitz und Donner zu erschüttern, Hagel und Stürme zu entfesseln oder Bäume zu versetzen. Sie meint auch, sie könne durch den Geist ihrer Vorfahren, der sich listigerweise als Ziege oder Schwein ausgibt, schnell in irgendein fernes Gebirge hinweggehoben werden, manchmal auf einem Besenstiel oder auf anderen Gegenständen reiten und ganze Nächte mit ihrem Liebhaber in Saus und Braus, Ausschweifung und Tanz sowie teuflischen Lüsten und Begierden verbringen.“[50]

Halloween

Ihren höchsten Feiertag begehen Hexen am 31. Oktober, der im englischen Sprachraum den Namen *All Hallows Eve* (Abend vor Allerheiligen) trägt. In dieser Nacht, so glaubt man, sei die Kraft Satans und der Hexen am größten.

Halloween geht bis auf 2000 v. Chr. zurück und stammt von einem Brauch der Druiden aus Großbritannien, Frankreich, Deutschland und anderen keltischen Ländern. Die Zeit, in der die Blätter fallen, schien für dic Verehrung des Totengottes am geeignetsten. Nach der Überlieferung der Druiden kehrten die Geister der Toten an diesem besonderen Abend zu ihren früheren Heimstätten zurück und brachten Unheil über ein Haus, das ihnen nicht die gebührende Achtung entgegenbrachte, die unter anderem in der Zubereitung von Speisen für sie ihren Ausdruck fand.

Nach der Christianisierung dieser Länder wurde dieses Totenfest in einen kirchlichen Feiertag umgewandelt, *All Hallows Eve* (Kurzform: *Halloween*), wo aller Heiligen der Kirche gedacht werden sollte. Einige Historiker ziehen sogar die Möglichkeit in Betracht, daß *All Saints' Eve* (Abend vor Allerheiligen) ursprünglich auf den 30. Oktober gelegt wurde, um den heidnischen Einflüssen (Verehrung des Todes) Einhalt zu gebieten. Das ließ sich nicht so einfach durchführen, so daß dieser einst strenge christliche Feiertag mehr und mehr heidnischen Charakter annahm und der christliche Hintergrund zunehmend verblaßte.

Während heutzutage Halloween meist als ein Anlaß für Partys genommen wird, betrachten ihn echte Zauberer und Hexen wie zu den Zeiten ihrer druidischen Vorfahren als einen heiligen Tag, an dem die Kraft finsterer Mächte ihren Höhepunkt erreicht.

Das zweite entscheidende Ereignis war die Veröffentlichung des Buches

Malleus Maleficarum (Hammer der Hexen) im Jahre 1486 von Jakob Sprenger und dem Klostervorsteher Heinrich Kramer. Dieses Buch, das zum großen Teil den Inquisitoren Anleitungen bot, markierte zusammen mit der päpstlichen Bulle den Beginn eines 300jährigen Alptraums. Überall vermutete man zukünftige Opfer des Scheiterhaufens. Mehr als 100.000 Menschen in ganz Europa wurden von ihren Mitbürgern angezeigt und hingerichtet, ohne daß man ihnen die Möglichkeit zur Verteidigung bot.

Man nahm an, daß Hexen über eine Vielfalt von geheimen Kräften verfügen, und lebte deswegen in ständiger Angst vor ihnen. Am meisten fürchtete man, verhext zu werden, was unweigerlich zu Krankheit und Tod führte.

Roger Hart bemerkt hierzu:

„Man kann es sich heute nur allzu gut vorstellen, daß verschiedene Krankheiten zu einem Zeitpunkt, da sich die Medizin noch auf einem primitiveren Stand befand, irrtümlicherweise für Verhexung gehalten wurden. Darunter fallen zum Beispiel Lähmung, Maulsperre, Anämie, Sklerose, Epilepsie und Hysterie. Sie versetzten Gebildete wie Ungebildete in unsäglichen Schrecken.“[51]

Diese Liste ließe sich noch durch die Chorea-Huntington und das Tourette-Syndrom, bei beiden handelt es sich um hirnorganische Störungen, ergänzen. Bei der Chorea-Huntington treten die Symptome erst nach dem 30. Lebensjahr auf, die ein abnormales Verhalten, unkontrollierte Körperbewegungen, Zornesausbrüche und Intelligenzschwund miteinschließen. Der Kranke leidet bisweilen unter seltsam anmutenden Lachanfällen, Heulkrämpfen oder redet unaufhörlich, ohne sich dessen bewußt zu sein. Wie leicht kann ein solches Krankheitsbild mit den Anzeichen von Hexerei verwechselt werden! Die Chorea-Huntington zählt zu den Erbkrankheiten, die einen Abergläubischen ganz leicht zu der Ansicht verleiten könnte, daß der Hexenzauber nun auch auf die Kinder übergegangen sei.

Das Tourette-Syndrom beginnt bereit im Kindesalter

und äußert sich in unkontrollierten Muskelzuckungen am ganzen Körper, vor allem aber im Gesicht. Der Kranke hat seinen Körper nicht mehr unter Kontrolle: er führt mit seinen Beinen Kickbewegungen aus, stampft mit dem Fuß auf, schneidet furchtbare Grimassen, stößt Schreie aus, gibt Grunzlaute von sich und flucht. All diese krankhaften Funktionen, die die Betroffenen nicht steuern können, scheinen oft dem ungeübten Auge klare Hinweise darauf zu sein, daß man eine Hexe vor sich hat.

Auch in der amerikanischen Geschichte stiegen Rauchschwaden von Scheiterhaufen zum Himmel, auf denen Hexen verbrannt wurden. Roger Hart stellt fest:

„Man kann wohl sagen, daß keine Hexenjagd in Amerika soviel öffentliches Aufsehen erregte wie die Hexenverfolgung von Salem (Neuengland) im Jahre 1692. Sie hat nicht nur wegen ihrer prozentual gesehen gewaltigen Zahl an Opfern besondere Beachtung verdient, sondern auch noch wegen des relativ späten Datums, zu dem sie stattfand.“[52]

Der Historiker R. H. Robbins führt dieses Ereignis näher aus:

„Die Zahl der verdächtigen Personen fiel für eine Siedlung mit 100 Haushalten immens hoch aus. Beim Ausbruch der Hysterie wurden fast 100 Verdächtige verhaftet. Ein Durchforsten der Gerichtsakten von damals würde die Zahl sicher noch steigen lassen. Aufgrund der Zeit, die man für die Gerichtsverhandlungen benötigte, wurde 1692 nur an 31 Gefangenen das Urteil vollstreckt; davon ausgenommen Sarah Churchill und Mary Warren, zwei Angeklagte, die kurz zuvor öffentlich widerrufen hatten. Das Gericht verurteilte 25 Frauen und sechs Männer zum Tode. Neunzehn davon wurden gehängt, Sarah Osborne und Anne Foster starben im Gefängnis, Giles Cory wurde erdrückt, Tituba saß auf unbestimmte

Zeit in Untersuchungshaft. Abigail Faulkner und Elizabeth Proctor konnten wegen Schwangerschaft ihre Hinrichtung so lange hinauszögern, bis sie begnadigt wurden. Mary Bradbury entkam nach ihrer Gerichtsverhandlung aus dem Gefängnis, und fünf, die ein Geständnis ablegten, wurden in die Freiheit entlassen."[53]

Vierzehn Jahre später zog eine der Anklägerinnen, Anne Putnam, ihre Beschuldigungen zurück und bekannte, daß sie und andere unschuldiges Blut an ihren Händen kleben hätten.

Äußerst bemerkenswert ist die Tatsache, daß sich die Hexenjagden im Mittelalter über einen Zeitraum von 300 Jahren erstreckten, Tausenden das Leben kosteten und zu einer Zeit durchgeführt wurden, als ein wiedererwachendes Interesse an Bildung zu beobachten war.

Viele, die sich von diesem Wahn mitreißen ließen, gehörten keineswegs nur der Menschengruppe an, die sich ausschließlich von ihren Gefühlen leiten läßt, sondern kamen aus den Reihen der Wissenschaftler, Philosophen und Rechtsanwälte, was als Beweis dafür dient, daß der Aberglaube selbst vor den Toren der Intelligenz nicht haltmacht.

Traurigerweise muß man hier auch noch die Greueltaten der bekennenden Christen erwähnen, die Abschnitte der Bibel aus dem Zusammenhang rissen, falsch auslegten und sie zur Rechtfertigung ihres Verhaltens heranzogen.

Die vielzitierten Strafen für Zauberei im Alten Testament gehen – und das wird oft nicht bedacht – auf die Gerichtsbarkeit einer Theokratie in Israel zurück. Jahwe herrschte als König über Israel, dem auch die Gesetzgebung unterstand, das heißt, er erließ Gesetze und setzte Strafen fest. Betrieb jemand Zauberei, wechselte er automatisch ins andere Lager über und verbündete sich mit Satan, dem Erzfeind Gottes, was dann als Hochverrat zu werten war.

Auch heute noch steht in vielen Staaten der Welt auf Hochverrat die Todesstrafe. Da jedoch kein Land mehr durch eine Theokratie, also durch Gott, regiert wird, lassen sich damalige Verhältnisse nicht ohne weiteres auf moderne Rechtssysteme übertragen. Zauberei hat sich in ihrem Wesen nicht verändert, sie wird immer ein Ausdruck der Rebellion gegen Gott bleiben. Sie ist jedoch kein Hochverrat im juristischen Sinne mehr. Was die Todesstrafe betrifft, so betont Jesus ausdrücklich, daß nicht der leibliche Tod als die grausamste Strafe angesehen werden soll, sondern der geistliche.

Diejenigen, die Zauberei praktizieren und damit Jesus bewußt den Rücken zukehren, sollten folgende Warnung nicht in den Wind schlagen:

„Und fürchtet euch nicht vor denen, die den Leib töten, doch die Seele nicht töten können; fürchtet euch aber viel mehr vor dem, der Leib und Seele verderben kann in der Hölle“ (Mt. 10,28).

Wo heute Zauberei praktiziert wird

Während man einen Schlußstrich unter die Hexenverfolgungen gezogen hat, wird Zauberei weiterhin betrieben, jedoch in veränderter Form. Moderne Hexen dürften sich nur noch sehr wenig an dem Image ihrer mittelalterlichen Vorfahrinnen orientieren. Im Gegenteil! Wer sich nämlich heute mit Zauberei beschäftigt, bewegt sich im Trend der Zeit. Warum? Weshalb kann man in unseren Tagen eine zunehmende Begeisterung für derartige Künste gerade auch unter Gebildeten wahrnehmen? Daniel Cohen stellt einige Gründe dafür zusammen:

„Zuerst einmal die ewigwährende Faszination des Magischen, dieses unterschwellige Versprechen, daß sie einen in Geheimnisse einweiht, die einem wiederum Wege zu Macht, Geld, Liebe und all den Dingen eröffnen, die für den einzelnen unerreichbar scheinen. Zweitens unterbindet die Magie jenen traditionsverhafteten Glauben an Religion, Wissenschaft und rationales Denken. Das historische Dreigespann Magie, Drogen und Sex hat nichts an Reiz eingebüßt, da es Bestandteil einer alt(bewährt)en Religion sein will, die den Drogenkonsum und freien Sex nicht verurteilt, sondern fördert. Trotz der ‚Öffentlichkeitsarbeit' und der großen Zahl an organisierten Hexenzirkeln verschließt man immer noch die Augen vor dem Ernst der Lage.“[54]

Moderne Zauberei ähnelt der des Mittelalters oder der primitiver Kulturen in einem äußerst bescheidenen Maße. Sie kennzeichnet vielmehr eine konstante Entwicklung über die letzten 200 Jahre hinweg, die Hunderte von Praktiken und Glaubensansichten verschiedenster Schattierungen in sich vereinigt, denen eine beträchtliche Anhängerzahl huldigt. Wie ein roter Faden ziehen sich der Glaube an und die Ausübung von Kulthandlungen, die uns Gott in der Bibel untersagt, durch die Vergangenheit bis hin zur Gegenwart.

„Bis vor wenigen Jahrzehnten brachte man Hexen herzlich wenig Verständnis, ja sogar starke Ablehnung entgegen, da ihre Künste in den Augen der Mehrheit nur die Anerkennung der Abergläubischen verdienten. Hexenjagd und Besenstiel schob man in die entlegendsten Winkel des menschlichen Gehirns ab.

Das hat sich heute durch ein allgemeines Interesse am Okkulten weitgehend gewendet. Zehntausende, nicht wenige davon mit akademischen Graden, versuchen sich in Zauberei, Satanskulten, Voodoo und anderen Formen schwarzer und weißer Magie. Hexen treten öffentlich im Fernsehen auf. In Cleveland kann man gegen Entgelt ihre Dienste in Anspruch nehmen, um Stimmung in eine Party zu bringen. 80.000 Menschen praktizieren weiße Magie in Amerika, 6000 davon allein in Chicago.

Auch wenn vieles davon als Firlefanz keinerlei Aufmerksamkeit verdient, so steckt mehr dahinter, als wir zu ahnen wagen. Zahlreiche Morde haben ihren Ursprung in Satansanbetung. Die Mörder gestehen der Polizei ihre Taten, ohne mit der Wimper zu zucken. Der Verdacht auf Menschen- und Tieropfer erhärtet sich aufgrund vieler trauriger Beweise."[55]

Zauberei und die Bibel

Sowohl das Alte Testament als auch das Neue Testament gehen des öfteren auf Zauberei, Hexenkult, Astrologie etc. ein und legen Gottes Sichtweise dar. Im folgenden wird nun eine ganze Liste von Geboten und Weisungen zu diesem Bereich angeführt:

1. „Die Zauberinnen sollst du nicht am Leben lassen" (2. Mo. 22,17).
2. „Ihr sollt nichts essen, in dem noch Blut ist. Ihr sollt nicht Wahrsagerei noch Zauberei treiben" (3. Mo. 19,26).
3. „Ihr sollt euch nicht wenden zu den Geisterbeschwörern und Zeichendeutern und sollt sie nicht befragen, daß ihr nicht an ihnen unrein werdet; ich bin der Herr, euer Gott" (3. Mo. 19,31).
4. „Daß nicht jemand unter dir gefunden werde, der seinen Sohn oder seine Tochter durch Feuer gehen läßt oder Wahrsagerei, Hellseherei, geheime Künste oder

Zauberei treibt oder Bannungen oder Geisterbeschwörungen oder Zeichendeuterei vornimmt oder die Toten befragt. Denn diese Völker, deren Land du einnehmen wirst, hören auf Zeichendeuter und Wahrsager; dir aber hat der Herr, dein Gott, so etwas verwehrt" (5. Mo. 18,10.11.14).

5. „Und ließen ihre Söhne und Töchter durchs Feuer gehen und gingen mit Wahrsagen und Zauberei um und verkauften sich, zu tun, was dem Herrn mißfiel, um ihn zu erzürnen" (2. Kön. 17,17).

6. „So tritt nun auf mit deinen Beschwörungen und der Menge deiner Zaubereien, um die du dich von deiner Jugend auf bemüht hast, ob du dir helfen und es abwenden kannst. Du hast dich müde gemacht mit der Menge deiner Pläne. Es sollen hertreten und dir helfen die Meister des Himmelslaufs und die Sterngucker, die an jedem Neumond kundtun, was über dich kommen werde!" (Jes. 47,12-13).

7. „So hört doch nicht auf eure Propheten, Wahrsager, Traumdeuter, Zeichendeuter und Zauberer, die euch sagen: Ihr werdet nicht untertan sein müssen dem König von Babel. Denn sie weissagen euch Lüge, auf daß sie euch aus eurem Lande fortbringen und ich euch verstoße und ihr umkommt" (Jer. 27,9-10).

8. „Als sie die ganze Insel bis nach Paphos durchzogen hatten, trafen sie einen Zauberer und falschen Propheten, einen Juden, der hieß Barjesus; der war bei dem Statthalter Sergius Paulus, einem verständigen Mann. Dieser rief Barnabas und Saulus zu sich und begehrte, das Wort Gottes zu hören. Da widerstand ihnen der Zauberer Elymas – denn so wird sein Name übersetzt – und versuchte, den Statthalter vom Glauben abzuhalten. Saulus aber, der auch Paulus heißt, voll heiligen Geistes, sah ihn an und sprach: Du Sohn des Teufels, voll aller List und

aller Bosheit, du Feind aller Gerechtigkeit, hörst du nicht auf, krumm zu machen die geraden Wege des Herrn?" (Apg. 13,6-10).

7. Die persönlichen Konsequenzen

Die Existenz eines übernatürlichen Reiches der Finsternis, das von Satan und seinen unzähligen Dämonen beherrscht wird, ist genauso Realität wie die Taktiken und listigen Strategien, mit denen er ans Werk geht. Glücklicherweise verleiht uns Jesus Christus, der Sohn Gottes, Autorität und bietet uns Schutz vor den Angriffen des Feindes.

Falls Sie Jesus Ihr Leben noch nicht übergeben haben, was hält Sie davon ab, diesen Schritt jetzt zu tun? Die Bibel sagt: „Mit seinen Verführungskünsten wird er alle auf seine Seite bringen, die verloren sind, weil sie die Wahrheit nicht anerkennen wollten, die ihre Rettung gewesen wären" (2.Thess. 2,10; „Hoffnung für alle"-Übersetzung). Bitten Sie Jesus, der *die* Wahrheit ist, in Ihr Leben zu kommen, dann wird Gottes Macht, die Satans Macht bei weitem übertrifft, das Böse überwinden, das Sie umgibt und Ihr Verhalten geprägt hat und es noch tut. Von da an wird Jesus das Steuer Ihres Lebens in seine Hand nehmen.

Sind Sie bereits Christ, so möchte ich Sie ernstlich davor warnen, sich auf das Okkulte einzulassen. Man besiegt den Feind und Verkläger der Brüder nicht dadurch, daß man sich von seiner Arbeitsweise in Beschlag nehmen läßt. Ich möchte Sie aber hiermit auch nicht dazu ermuntern, die Hände müßig in den Schoß zu legen, sondern sich die folgenden Punkte zu vergegenwärtigen:

1. Wir leben in der Gewißheit, daß Jesus durch seinen Tod und seine Auferstehung Satans Schicksal und Vernichtung besiegelt hat. Diese Tatsache erlebt jeder, der sein ganzes Vertrauen auf Jesus setzt.

2. Wir sollen der Strategie Satans gegenüber wachsam

sein. Das bedeutet nicht, daß wir alle seine Methoden bis ins kleinste Detail studieren. Wir sollen jedoch seine Grundtaktiken verstehen lernen, daß er sich nämlich als Engel des Lichts verstellt. Als Vater der Lüge will er uns unablässig von der Wahrheit abbringen. Manchmal fährt er dabei starke Geschütze auf, so daß wir sofort merken, daß er am Werk ist. Ein anderes Mal umgarnt er uns nahezu unmerklich durch die Angebote der Welt oder durch Versuchungen des Fleisches. Sein erklärtes Ziel ist und bleibt, Gottes guten Plan mit unserem Leben zu durchkreuzen.

3. Während uns die ersten beiden Punkte befähigen, die Attacken Satans zu durchschauen und bei Gott Schutz zu suchen, sind wir aber auch aufgefordert, in die *Offensive* zu gehen. Das heißt nichts anderes, als Gott zu kennen und die Botschaft der Befreiung durch Jesus bekanntzumachen. Wenn sich unsere Beziehung zum Herrn vertieft und wir andere auf ihn hinweisen, fallen wir damit Satan in den Rücken und tragen dazu bei, Gottes Reich zu bauen. Satan zu unterwerfen liegt dabei nicht in unserer Macht. Gottes Kraft und Macht allein führen zum Sieg!

8. Autorität über Satan

Während einer Osterkonferenz in Balboa (Panama) lernte ich meine erste Lektion über die Vollmacht, die Gott jedem Christen schenkt. Für diese Tage mit André Kole, den wir als Redner eingeladen hatten, hatten sich ca. 50 000 Schüler und Studenten angesagt. Wir mieteten zu diesem Anlaß einen großen Saal, in dem mehrere Veranstaltungen stattfinden sollten.

Während André sprach, fuhr ein Bursche mit seinem hochfrisierten Flitzer vor, hielt kurz an und machte sich mit quietschenden Reifen und einem ohrenbetäubenden Lärm aus dem Staub. Natürlich drehte sich jeder im Saal um. André schaffte es nach einiger Zeit, die Aufmerksamkeit seiner Zuhörer wieder für sich zu gewinnen.

Als der Bursche ein zweites Mal auftauchte, blieb er erneut vor dem Gebäude stehen, ließ wiederum den Motor aufheulen und raste die Straße hinunter. Jetzt begann bereits alles im Saal zu flüstern. Einige standen auf, um aus dem Fenster zu blicken.

Beim dritten Mal wußte ich, daß eine weitere Wiederholung dieser Show das Ende des Abends bedeuten würde. Ich wandte mich an einen unserer Mitarbeiter und meinte: „Ich glaube, Satan versucht, diese Versammlung platzen zu lassen. Nehmen wir im Namen Jesu die uns gegebene Autorität in Anspruch."

Wir begaben uns also ins Freie und beteten dort. Der junge Mann fuhr wieder vor, drückte wie zuvor schon das Gaspedal durch, ließ die Kupplung los und – mit einem Schlag zersprang der Motor in tausend Einzelteile!

In Lukas 10,19 erkennen wir, was für eine Autorität Jesus uns gibt: „Seht, ich habe euch Macht gegeben, zu treten auf Schlangen und Skorpione, und Macht über alle Gewalt des Feindes; und nichts wird euch schaden."

Für das Wort *Macht* verwendet der Verfasser des Lukasevangeliums im Griechischen zwei verschiedene Ausdrücke. Das erste Mal kann dieses Wort auch mit ‚Autorität' übersetzt werden, denn der Herr sagt eigentlich: „Ich gebe euch Autorität über alle Gewalt des Feindes." Der Christ besitzt nämlich keine Macht (im Sinne von Gewalt) über den Feind. Zur Verdeutlichung möchte ich folgendes Beispiel einflechten:

Ich wohnte eine Zeitlang in Buenos Aires, der Hauptstadt Argentiniens und viertgrößten Stadt der westlichen Welt. Sie verfügt über eine der längsten (ca. 95 Kilometer) und breitesten (25 Fahrspuren) Straßen der Welt. Eine Straße von Buenos Aires, die man *Corriente* (= Strom) genannt hat, macht ihrem Namen wirklich alle Ehre, da sich auf ihr ein äußerst dichter Verkehrsstrom bewegt. Sie wird gelegentlich auch als einer der ‚längsten Parkplätze der Welt' bezeichnet.

Auf einer Kreuzung herrscht derart reger Verkehr, daß man sie am besten nach folgendem Rezept überquert: Man bekennt alle bewußten und unbewußten Sünden, vergewissert sich, daß man von Gottes Geist erfüllt ist, befiehlt sein Leben in Gottes Hände und – stürzt sich in die Fluten! Eines Tages jedoch, als wir uns der Stelle näherten, trug sich etwas Faszinierendes zu. Mitten auf der Kreuzung stand ein Verkehrspolizist auf einem Podest. Ungefähr zwanzig Fußgänger warteten. Plötzlich pfiff der Polizist, hob seine Hand, Bremsen quietschten und der Verkehr kam zum Stehen. Selbst wenn dieser Mann über eine außergewöhnlich starke Persönlichkeit verfügt hätte, so wäre es ihm als normaler Bürger niemals gelungen, den Autostrom anzuhalten. Er war jedoch mit einem wirksamen Mittel ausgestattet: der

Autorität eines Verkehrspolizisten. Autofahrer und Fußgänger respektierten ihn deswegen. Autorität könnte man auch ‚delegierte Macht' nennen.

Worauf gründet sich unsere Autorität?

Woher beziehen wir diese Autorität? Paulus schreibt:

„Und wie überschwenglich groß ist seine Kraft an uns, die wir glauben, weil die Macht seiner Stärke bei uns wirksam wurde, mit der er in Christus gewirkt hat. Durch sie hat er ihn von den Toten auferweckt und eingesetzt zu seiner Rechten im Himmel über alle Reiche, Gewalt, Macht, Herrschaft und alles, was sonst einen Namen hat, nicht allein in dieser Welt, sondern auch in der zukünftigen. Und alles hat er unter seine Füße getan und hat ihn gesetzt der Gemeinde zum Haupt über alles, welche sein Leib ist, nämlich die Fülle dessen, der alles in allem erfüllt" (Eph. 1,19-23).

In der Auferstehung Jesu von den Toten sehen wir die großartigste Manifestation der Größe Gottes überhaupt. Gottes Allmacht ist so unfaßbar für unsere menschlichen Begriffe, daß Paulus, geleitet durch den Heiligen Geist, in Epheser 1 vier verschiedene Ausdrücke verwendet, um die verschiedenen Aspekte der Macht Gottes zu beleuchten.

An erster Stelle hebt er die Größe von Gottes Macht durch *dynamis* hervor, von dem das Wort *Dynamit* stammt. Zweitens gebraucht er das Wort *energios*, von dem sich *Energie* ableitet. Drittens verwendet er das Wort *kratous* (*Kraft ausüben*), und an letzter Stelle geht er auf die Macht Gottes ein (*esquai*), das die *Bündelung von Kraft* betont.

Wie wir sehen, handelt es sich in der Auferstehung um

die mächtigste Tat Gottes. Sie übertrifft sogar noch die Schöpfung an Größe und Bedeutung. Das Freisetzen von Gottes Macht bewirkte die Auferstehung, die Himmelfahrt und die erhabene Stellung Jesu, die er nun einnimmt.

„Er hat die Mächte und Gewalten ihrer Macht entkleidet und sie öffentlich zur Schau gestellt und hat einen Triumph aus ihnen gemacht in Christus" (Kol 2,15). Jesus hatte nun den endgültigen Sieg über den Teufel errungen und ihn gänzlich entwaffnet. Das geschah für uns, für Sie und mich, damit wir über Satan eine Autorität ausüben können, die sich einzig und allein auf Gott und seine Macht gründet.

Wie üben wir diese Autorität aus?

Welche Voraussetzungen müssen erfüllt sein, damit wir zu jeder Zeit von unserer geistlichen Autorität Gebrauch machen können?

Als erstes müssen wir erkennen, daß wir in Christus von der Macht der Sünde erlöst sind und daß Jesus über Satan gesiegt hat. Seit unserer Bekehrung zum lebendigen Gott hin sind wir in das Reich des Sohnes versetzt und benötigen keine ‚Himmelsleiter' mehr. Gott und Satan wissen, daß wir mit Christus gleichsam gestorben, begraben, auferstanden und in den Himmel aufgefahren sind. Mit ihm sitzen wir zur Rechten des Vaters und durch seinen Sieg sind wir über alle Reiche, Gewalt, Macht und Herrschaft erhaben. Wir sind uns dieser einzigartigen Stellung nur leider allzu oft nicht bewußt. Wenn Sie nicht erkennen, welchen Rang Gott Ihnen verleiht, werden Sie auch nicht seine verheißene Autorität in Anspruch nehmen können!

Die zweite Voraussetzung heißt Glaube. Viele haben wirklich noch nicht einmal eine der Grundwahrheiten des Glaubens begriffen, die lautet, daß wir ‚im Einklang mit Gottes Willen' leben sollen. Theoretisch solchem zuzustimmen, hilft uns nicht weiter. Wir müssen es in die Tat umsetzen. Wenn wir etwas mit dem Verstand als richtig anerkennen, zieht der Wille schon nach. Wenn Sie in Ihrem geistlichen Leben nur vor sich hin theoretisieren, müssen Sie Ihre Wiedergeburt ernstlich in Zweifel ziehen. Glauben Sie wirklich, daß Sie mit Jesus auferstanden und aufgefahren sind und zur Rechten Gottes sitzen? Wenn ja, dann wird ein brennendes Verlangen Sie erfüllen, Ihr Leben, Ihre Zeit und Kraft für Gott einzusetzen.

An dritter Stelle steht die Demut. So wie uns der Glaube direkten Zugang zur Kraft des Vaters ermöglicht, so garantiert uns wahre Demut, daß wir diese Privilegien als Kinder Gottes nicht verscherzen. Von dem Augenblick an, als der erste Mensch den Garten Eden bewohnte, mußte er in Schranken gewiesen werden. Selbst der Wiedergeborene steht in der Gefahr, sich aus der Abhängigkeit von Gott zu lösen.

Wahre Demut behängt sich nicht mit den Lumpen der eigenen Nichtigkeit, die sie überall herumzeigt, und erhebt auch nicht wehmütig ihre Stimme: „Ich bin nichts wert, ich bin nur ein Aschenputtel und möchte ja nur die ärmlichste Hütte im Himmel." Eine solche Haltung verunehrt Jesus. Wahre Demut drückt sich niemals auf diese Weise aus. Wahre Demut zeigt uns immer wieder, wer wir sind, wer uns geschaffen und uns in die jetzige Stellung versetzt hat, damit wir Gott allein die Ehre dafür geben. Wenn mir manchmal solche Aussprüche wie ‚Ich bin ein Nichts' zu Ohren kommen, entgegne ich gewöhnlich: „Ich kenne Sie zwar nicht gut genug, aber ich weiß, wer ich bin." Ich *bin* jemand. Da Jesus mich am 14. Dezember 1959 um 20.00 Uhr zu einem Kind Gottes machte, kann ich doch nicht behaupten, ich sei ein Nichts! Stand und Zustand klaffen zwar bei mir noch weit auseinander, aber der Abstand zwischen diesen beiden hat bereits abgenommen und wird sich in Zukunft schrittweise verkleinern, weil Gott an mir arbeitet. Ich bin sein Werk, und ich kann nicht verachten, was Gott geschaffen hat!

Die vierte Voraussetzung will ich Freimütigkeit nennen, was in keinster Weise im Widerspruch zur Demut steht. Im Gegenteil! Der Glaube kommt durch wahre Freimütigkeit erst so richtig zur Entfaltung. Wenn Gott geredet hat und wir dann unsere altgewohnte Zurückhaltung üben, begehen wir eine Sünde, weil wir nicht im Glauben weitergehen. Unsere Welt braucht Männer und Frauen, die den Blick auf ihre Stellung zur Rechten des Vaters richten und daher niemanden außer Gott fürchten. Freimütigkeit erwächst aus der Erkenntnis darüber, was wir in Jesus haben, und aus der Fülle des Geistes.

Die fünfte und letzte Voraussetzung bedeutet nichts anderes, als in dem Bewußtsein zu leben, daß wir mit Jesus auferstanden und aufgefahren sind und zur Rechten des Vaters sitzen. Wenn unsere Augen einmal darüber geöffnet wurden, befinden wir uns im geistlichen Kampf an vorderster Front, weil Satan nun versucht, uns außer Gefecht zu setzen und uns zu entmutigen. Sie stehen von nun an auf seiner schwarzen Liste! Geisterfüllte Christen, die über ihre Geburtsrechte genauestens Bescheid wissen, bereiten ihm am meisten Unbehagen. Satan macht auch vor Ihrer Tür nicht halt. Er wird sie daran hindern wollen, sich nachfolgende Prinzipien anzueignen, mit denen Sie ihn dann schachmatt setzen können.

Das bisher Gesagte sollte die Grundlage dafür schaffen, von der aus Sie operieren können, wenn Sie von Ihrer Autorität als Christ Gebrauch machen. Wie Sie wissen, haben wir Autorität mit ‚delegierter Macht' umschrieben. Bei direkten Konfrontationen mit Satan spreche ich ihn persönlich an und sage laut: „Satan, im Namen des Herrn Jesus Christus ..." Ich gehe in dieser Reihenfolge vor, da der volle Titel Jesu an seine Kreuzigung, seine Himmelfahrt und an seine erhabene Stellung und seinen Sieg über den Teufel erinnert. Ich trete Satan mit den verschiedensten Anreden gegenüber, leite sie aber aus den genannten Gründen immer auf diese Weise ein. „Satan, in dem Namen des Herrn Jesus Christus und seinem vergossenen Blut auf Golgatha gebiete ich dir, dich von diesem Gebiet zurückzuziehen." Oder: „Satan, im Namen des Herrn Jesus Christus und seinem am Kreuz vergossenen Blut nehme ich den Sieg Jesu in Anspruch. Alle Ehre und Herrlichkeit in dieser Situation gebührt ihm."

Als nächstes gestehe ich mir ein, daß ich nichts tun kann und keinerlei Macht über Satan habe. Lediglich meine mir verliehene Autorität als Kind Gottes steht mir zur Verfügung. Je mehr ich die Kraft und Stärke Gottes erfahre, desto kühner nehme ich diese Autorität in Anspruch.

Haben wir diese beiden Schritte vollzogen, so gilt es nun zu warten, bis Gott handelt. Noch niemals habe ich erlebt, daß Satan nicht kleinlaut das Feld hätte räumen müssen. Ich mußte dabei jedoch lernen, geduldig auf Gottes Eingreifen zu warten.

Einmal sollte ich als erster Amerikaner nach vier Jahren an einer linksgerichteten Universität in Südamerika sprechen. Das führte unweigerlich zu Spannungen, die sich dahingehend äußerten, daß überall auf dem Universitätsgelände Plakate mit meinem Foto aufgehängt wurden, über deren volle Breite kommunistische Studenten in großen roten Buchstaben ‚CIA-Agent' pinselten, um ihre Kommilitonen von dieser Veranstaltung abzuhalten. Schmunzelnd dachte ich bei mir: „CIA – wie treffend: Christ in Aktion!" Auf alle Fälle verfehlten die Plakate ihre Wirkung nicht. Viele Studenten hatten noch niemals einen CIA-Agenten zu Gesicht bekommen und wollten sich daher diese einzigartige Gelegenheit nicht entgehen lassen. Sie strömten in Scharen herbei, so daß der Saal aus allen Nähten zu platzen drohte. Wie an so vielen Orten dieses Kontinentes, fehlten die marxistischen Agitatoren auch hier nicht, um die Veranstaltung zu stören.

Wenn ich in einem fremden Land Vorträge halte, tue ich das am liebsten in der jeweiligen Sprache. Ich weihte meine Zuhörerschaft in dieses offene Geheimnis ein und versprach, an diesem Abend meine noch bescheidenen Spanischkenntnisse auf die Probe zu stellen. Schon nach den ersten Sätzen begann sich das befürchtete Unheil anzubahnen. Die Atmosphäre war aufs äußerste gespannt. Von den Unruhestiftern sprang einer nach dem anderen auf, griff mich persönlich an, beschimpfte mich auf die unflätigste Weise – was ich größtenteils nicht einmal verstand! Sie versuchten, mich vor dem ganzen Saal bloßzustellen. Ich konnte nicht einmal etwas zu meiner Verteidigung vorbringen. Mir taten die Christen leid, die sich auf mein Kommen und auf die Bekehrung von einigen ihrer Mitstudenten gefreut hatten.

Nach dem 45minütigen Bombenhagel ungerechtfertigter Anklagen und Beschimpfungen war ich am Ende. Ich hätte mich am liebsten in ein Mauseloch verkrochen und wie ein Kind losgeheult. Es war die schlimmste Situation, die ich je in meinem Leben durchzustehen hatte. Jedesmal, wenn ich den Namen Jesus erwähnte, brach das

Publikum in höhnisches Gelächter aus. Ich hatte doch die Autorität als Gläubiger in Anspruch genommen. Warum geschah nichts? Ließ Gott mich im Stich? Heftige Zweifel packten mich.

Aber Gott wirkt zu seiner Zeit, dann, wenn er am meisten verherrlicht wird. Unsere Ehre steht dabei nicht auf dem Spiel! Schließlich griff Gott ein. Als sich die Präsidentin der revolutionären Studentenbewegung, die ein großes Ansehen genießen mußte, erhob, hätte man im Saal eine Stecknadel fallen hören können. Ihres forschen Auftretens wegen wußte ich nicht, was mich nun erwarten würde. Sie begann: „Mr. McDowell, ich wurde heute abend Christ. Wird Gott mir jemals diese Liebe schenken, die Sie uns heute entgegengebracht haben?"

Was dann geschah, brauche ich wohl nicht mehr zu schildern. Ihre Worte brachen das Eis in den Herzen der Studenten – achtundfünfzig von ihnen übergaben Jesus an diesem Abend ihr Leben.

Ich habe gelernt, von der Autorität Jesu Gebrauch zu machen, dann aber im Glauben vorwärtszugehen und Geduld zu üben. Manchmal verstrichen sechs Monate oder gar ein Jahr, ehe Gott handelte. Wenn ich dann im nachhinein auf die einzelnen Situationen zurückblicke und erkenne, wie er darin verherrlicht wurde, erfüllt mich unendliches Staunen.

Meist gebe ich nur einen Warnschuß an Satan ab. Das genügt! Dann überlasse ich Gott die ganze Angelegenheit. Jesus sagte:

„Mir ist gegeben alle Gewalt im Himmel und auf Erden. Darum gehet hin und machet zu Jüngern alle Völker ..." (Mt. 28,18-19).

Literaturverzeichnis

1 Hoover, David: *How to Respond to the Occult*, St. Louis: Concordia Publishing House, 1977.
2 Lewis, C. S.: *Dienstanweisung für einen Unterteufel*, Freiburg im Breisgau: Herder, 27. Aufl. 1986, Vorwort.
3 Montgomery, John Warwick: *Principalities and Powers*, Minneapolis: Bethany Fellowship, 1973, 54-55.
4 Korem, Danny und Meier, Paul: *The Fakers*, Grand Rapids, MI: Baker Book House, 1980, 15-16.
5 Ebon, Martin: The Occult Temptation. In: *The Humanist*, Januar/Februar 1977.
6 Buzzard, Lynn: *Demon Possession*, hrg. v. Montgomery, John Warwick, Minneapolis: Bethany Fellowship, 1976, 17-18 (Vorwort).
7 Thomas, F. W.: *Kingdom of Darkness.* Zitiert bei Wilson, Clifford und Weldon, John: *Occult Shock and Psychic Forces*, San Diego: Master Books, 1980, 13-14.
8 Martin, Walter: *The Maze of Mormonism*, Santa Ana, CA: Vision House Publishers, Inc., 1977, 216-217.
9 Noorbergen, Rene: *The Soul Hustlers*, Grand Rapids, MI: Zondervan, 1976, 176-177.
10 Buskirk, Michael Van: *Astrology: Revival in the Cosmic Garden*, Costa Mesa, CA: Caris, 1976, 6.
11 Noorbergen, Rene: *The Soul Hustlers*, 178-179.
12 Gauquelin, Michel: *The Cosmic Clocks*, Chicago, IL: Henry Regnery Co., 1967, 78.
13 Buskirk, Michael Van: *Astrology: Revival in the Cosmic Garden*, 9.
14 Couderc, Paul: *L'Astrologie*, Bd. 508 der Reihe „Que Saisje?“, Paris: Presses Universitaires de France, 3. Aufl. 1961, 86-89. Zitiert bei Montgomery, John Warwick: *Principalities and Powers*, 106.
15 Boa, Kenneth: *Cults, World Religions, and You*, Wheaton, IL: Victor Books, 1977, 124-125.
16 Polanski, Joseph: *Sun Sign Success*, New York: Warner/Destiny Books, 1977, 35.
17 *Time*, 21. März 1969, 56.
18 Koch, Kurt: *Seelsorge und Okkultismus*, Basel: Brunnen Verlag, 25. Aufl., 1982, 99.
19 zitiert nach: Clifford, Wilson und Weldon, John: *Occult Shock and Psychic Forces*, 118.
20 Richards, John: *But Deliver Us From Evil: An Introduction to the Demonic Dimension in Pastoral Care*, London: Darton, Longman and Todd, 1974, 156.
21 Korem, Danny und Meier, Paul: *The Fakers*, 160-161.
22 Koch, Kurt: *Demonology, Past and Present*, Grand Rapids, MI: Kregel Publications, 1973, 32.
23 Nevius, John L.: *Demon Possession*, Grand Rapids, MI: Kregel Publications, 1968, 9-10.
24 Martin, Walter: *Exorcism: Fact or Fable*, Santa Ana, CA: Vision House Publishers, 1975, 17.18.21.
25 Truzzi, Marcello: Toward a Sociology of the Occult: Notes on Modern

Witchcraft. In: Zaretsky, Irving I. und Leone, Mark P. (Hrg.): *Religious Movements in Contemporary America*, Princeton: Princeton University Press, 1974, 635-636.

26 Randall, John L.: *Parapsychology and the Nature of Life*, New York: Harper and Row Publishers, 175.

27 Smith, Alson J.: *Religion and the New Psychology*, Garden City, NY: Doubleday and Co., Inc., 1951, 5.

28 Pearce, Canon J. D. und Whitby, Rev. Stanley (Hrg.): *Life, Death and Psychical Research: Studies of the Churches' Fellowship for Psychical and Spiritual Studies*, London: Rider and Company, 1973, 10.

29 Walker, Lynn: *Supernatural Power and the Occult*, Austin, TX: Firm Foundation Publishing House, ohne Erscheinungsjahr, 90.

30 Blunsdan, Norman: *A Popular Dictionary of Spiritualism*, NY: The Citadel Press, 1963.

31 Pratt,(ohne nähere Angaben), 45-54.

32 Montgomery, John Warwick: *Principalities and Powers.*

33 Walker, Lynn: *Supernatural Power and the Occult.*

34 Montgomery, John Warwick: *Principalities and Powers*, 125-126.

35 Walker, Lynn: *Supernatural Power and the Occult*, 91.

36 Walker, Lynn: *Supernatural Power and the Occult.*

37 Hoover, David W.: *How to Respond to the Occult*, St. Louis, MO: Concordia Pub. House, 1977, 13-14.

38 Rougemont, Denis de: *The Devil's Share*, 19-21. Zitiert bei Kehl, D. G.: *Demon Possession*, Montgomery, John Warwick (Hrg.), Minneapolis, MN: Bethany Fellowship, 1976, 112.

39 Lewis, C. S.: *Dienstanweisung für einen Unterteufel*, 33-34.

40 Dickason, C. Fred: *Angels: Elect and Evil*, Chicago, IL: Moody Press, 1975, 210.212.

41 Jackson, Basil: *Demon Possession*, Montgomery, John Warwick (Hrg.), Minneapolis, MN: Bethany Fellowship, 1976, 201.

42 Blankenship, Roberta: *Escape from Witchcraft*, Grand Rapids, MI: Zondervan Publishing House, 1972, 1.

43 Walker, Lynn: *Supernatural Power and the Occult*, 1.

44 Drury, Neville und Tillett, Gregory: *The Occult Sourcebook*, London: Routledge & Kegan Paul, Ltd., 1978, 149.

45 Drury, Neville und Tillett, Gregory: *The Occult Sourcebook*, 154.

46 Petersen, William J.: *Those Curious New Cults*, New Canaan, CT: Keats Publishing, Inc., 1973, 75.

47 Drury, Neville und Tillett, Gregory: *The Occult Sourcebook*, 77.

48 Drury, Neville und Tillett, Gregory: *The Occult Sourcebook*, 78.

49 Parrinder, Geoffrey: *Witchcraft: European and African*, London: Faber and Faber, 1963, 39.

50 West, William: *Simboleography*, 1594

51 Hart, Roger: *Witchcraft*, ohne nähere Angaben, 54.

52 Hart, Roger: *Witchcraft*, ohne nähere Angaben, 109.

53 Robbins, R. H.: ohne nähere Angaben, 185.

54 Cohen, Daniel: *A Natural History of Unnatural Things*, New York: McCall Pub. Co., 1971, 31-32.

55 Vandeman, George: *Psychic Roulette*, Nashville, TN: Thomas Nelson, Inc., 1973, 99-100.

Die Autoren

Josh McDowell ist seit vielen Jahren im Reisedienst von Campus für Christus International auf der ganzen Welt unterwegs. In den vergangenen dreiundzwanzig Jahren hielt er mehr als 18000 Vorträge vor mehr als acht Millionen Studenten an 1000 Universitäten und Schulen in 72 Ländern. Der Bestseller-Autor schrieb u. a. *Bibel im Test, Die Tatsache der Auferstehung, Wer ist dieser Mensch?* und *Antworten auf skeptische Fragen über den christlichen Glauben.* Er graduierte am Kellogg College, Wheaton College und Talbot Theological Seminary und trägt drei Ehrendoktortitel. Zusammen mit seiner Frau Dottie und ihren vier Kindern wohnt er in Julian, Kalifornien.

Don Stewart, ehemaliger Pastor der Calvary Chapel in Costa Mesa, Kalifornien, verfaßt Bücher, hält Vorträge und ist Mitautor von *Antworten auf skeptische Fragen über den christlichen Glauben.* Er lebt in Viejo, Kalifornien.

Ein Francke-Taschenbuch – In dieser Reihe sind bisher erschienen:

David A. Seamands
Heilung für kranke Herzen
Ein Francke-Taschenbuch
ISBN 3-88224-948-X
80 Seiten

Elektrokardiogramme, Herzschrittmacher, Herztransplantationen – Ärzte und Wissenschaftler haben eine ganze Reihe Verfahren entwickelt, um Herzkrankheiten zu diagnostizieren und zu behandeln.
Doch es gibt Herzleiden, die nur der göttliche Arzt heilen kann. Im vorliegenden Buch bringt der Autor eine Reihe von anschaulichen Vergleichen über das menschliche Herz, die in der Bibel zu finden sind: das abtrünnige Herz, das feste Herz, das bußfertige Herz, das geteilte Herz. Anhand von Beispielen zeigt er die Ursachen geistlicher Herzkrankheiten auf und beschreibt praktische und vorbeugende Maßnahmen für die Leiden unserer Seele.

Martin Goldsmith (Hrsg.)
Ein Herz für Missionare
Ein Francke-Taschenbuch
ISBN 3-88224-954-4
120 Seiten

Missionare sind Arbeiter an vorderster Front. Wie kann man ihnen die beste Unterstützung zukommen lassen?
»Wenn die Kirche aktiv am Missionsgeschehen beteiligt sein soll, dann müssen die Glieder dieser Kirche aus ihrem biblischen Glauben heraus einen Blick für die Welt und das Missionsgeschehen entwickeln«, schreibt der Herausgeber Martin Goldsmith. Das Buch erklärt, wie Christen die lebensnotwendige Bedeutung der Mission verstehen können und Freundschaft, Gebet und Unterstützung geben können, wo sie am meisten gebraucht wird. Die beteiligten Autoren dieses Buches wissen, worüber sie schreiben, denn sie waren alle als Missionare vor Ort.

FRANCKE
Verlag der Francke-Buchhandlung GmbH

Ein Francke-Taschenbuch – In dieser Reihe sind bisher erschienen:

Josh McDowell / Don Stewart
Dämonen, Hexen und das Okkulte
Ein Francke-Taschenbuch
ISBN 3-88224-957-9
96 Seiten

Woran liegt es, daß sich so viele moderne, aufgeklärte Menschen für das Okkulte interessieren? Handelt es sich um ein Vakuum, das unsere hochtechnisierte Welt nicht zu füllen vermag? Oder haben wir es mit einem Großangriff der satanischen Mächte zu tun?
Die Autoren geben sachliche und klar verständliche Antworten. Im besonderen gehen sie auf folgende Phänomene ein:

- Zauberei – aktuell wie nie?
- Parapsychologie – das Spiel mit dem Unbewußten
- Astrologie – das Horoskop ist nur der Anfang
- Satanskulte – die »Schwarze Kirche« wächst
- Dämonen – auch heute noch aktiv

Aber es werden auch biblische Hilfestellungen angeboten, wie man den bösen Mächten begegnen und sie überwinden kann.

Josh McDowell
Skeptiker suchen ihren Weg
Ein Francke-Taschenbuch
ISBN 3-88224-958-7
96 Seiten

Darf man dem christlichen Glauben skeptisch gegenüberstehen? Hinterfragen, was seit Jahrhunderten als unumstößlich gilt?
Josh McDowell erzählt hier nicht nur seine eigene Geschichte, sondern stellt auch zwei andere »Querdenker« vor:

- C. S. Lewis, der sich selbst einst als »überzeugten Atheisten« bezeichnete, und
- Chuck Colson, eiskalter Profi-Politiker, der durch den »Watergate«-Skandal um Präsident Nixon einen zweifelhaften Ruhm erlangte.

Die Geschichten dieser drei Männer haben eines gemeinsam: Sie wurden nicht durch fromme Worte, sondern durch das lebendige Wort selbst überzeugt. Ein Beweis dafür, daß Christen ihren Verstand nicht »an der Garderobe« abgeben müssen...

FRANCKE
Verlag der Francke-Buchhandlung GmbH